Wie werden wir leben?

HANS BONNEVAL

WIE WERDEN WIR LEBEN?

Dreigliederung als soziale Zukunfts-Mission Mitteleuropas

Bibliografische Information der Deutschen Nationalbibliothek:
Die Deutsche Nationalbibliothek verzeichnet diese Publikation
in der Deutschen Nationalbibliografie; detaillierte bibliografische
Daten sind im Internet über http://dnb.dnb.de abrufbar.

© 2020 Hans Bonneval
Satz, Umschlaggestaltung, Herstellung und Verlag:
BoD - Books on Demand, Norderstedt

ISBN: 978-3-7519-8745-5

Inhalt

1. Zur Begründung   7

Teil I – Die Wissenschaft vom verträglichen Zusammenleben

2. Der soziale Organismus   14
3. Das Prinzip der Welt   20
4. Drei soziale Ideale   30
5. Das unverstandene Recht   38
6. Paulus: »Das Unrecht ist in die Welt gekommen durch das Gesetz«   43
7. Der freie Wille   46
8. Streit, Haß, Gewalt   48
9. Eine Frage der Würde   53
10. Recht im täglichen Leben   59
11. Produktive Moralität als Grundlage eines höheren Lebens   65
12. Rechte und Pflichten   68
13. Geben und Nehmen   71

Teil II – Gründe für die prekäre Verfassung der Menschheit

14. Wie schlecht sind die Menschen?   74
15. Es fehlt das Bewußtsein von der noch immer ungelösten sozialen Frage   78

16.	Es fehlt die Möglichkeit, ein freies Gedankenleben zu praktizieren	81
17.	Es fehlt das Verständnis von Denken, Geist und Sinn	90
18.	Es fehlt der freie Zugang zum Kapital	98
19.	Es fehlt das Wissen über Reinkarnation und Karma	114
20.	Es fehlt die Gedankenfreiheit bezüglich der Religion	118
21.	Freiheit und Kunst	120
22.	Es fehlt Gleichheit im Rechtsleben	124
23.	Es fehlt das Verständnis des Mysteriums von Golgatha	131
24.	Ausklang	135
25.	Anhang	138
	Literaturverzeichnis	146
	Kontakt und Finanzierung	147

1. Zur Begründung

Gibt es eine ideale Form des menschlichen Zusammenlebens? Ist es möglich, sich mit anderen innerhalb gewisser Gebiete zu einigen auf eine bestimmte Art, das gemeinsame Leben zu gestalten? Läßt das menschliche Wesen – und wenn ja, unter welchen Bedingungen – ein gedeihliches Miteinander überhaupt zu? Oder sind die Menschen zu eigenwillig, zu egoistisch und unverträglich, so daß nur eine restriktive Zwangsordnung das Auskommen der Bevölkerungen sichern kann? Man betrachte diese Fragestellung nicht bloß als rein theoretische Erwägung, denn wer genau hinschaut, sieht, wie die Restriktionen auf allen Gebieten des Lebens mit großen Schritten auf uns zukommen. Ja, sie haben uns schon weitgehend vereinnahmt. Und wollen wir verhindern, daß uns die Freiheit, unser Leben zu gestalten, noch immer mehr und am Ende ganz genommen wird, dann müssen wir dringend dieser Entwicklung eine Alternative entgegenstellen. Denn wenn es gelingt, eine wirkliche Alternative in die konkrete Vorstellung vieler Menschen zu bringen, wird dies eine starke Wirkung haben und die notwendigen Veränderungen herbeiführen können. Gelingt dies nicht, so wird eine Zwangsordnung kommen.

Die gute Nachricht ist, daß die gesuchte Alternative schon seit hundert Jahren existiert. Der große Eingeweihte des zwanzigsten Jahrhunderts, Rudolf Steiner, hat in übersinnlicher Schau das Wesen des Menschen erforscht und seine Resultate dokumentiert. Die Erkenntnisse zu einer idealen Lebensform finden sich in seinem Werk unter der Bezeichnung der »Dreigliederung des sozialen Organismus«. Sie verdienen vor allem deshalb Beachtung, weil sie die Resultate übersinnlicher Forschungen sind, die nichts mit einer Theorie, Ideologie, Philosophie oder sonstigen phantasieartigen Entwürfen gemein haben. Auch wenn dies zu denken für viele ungewohnt ist, so handelt es sich doch um eine wissenschaftliche Erkenntnis von objektivem Charakter. Insofern steht sie hoch über allen sonstigen Versuchen, mit dem Verstand auf eine ideale Lebensweise zu schließen. Wenn wir also von der sozialen Dreigliederung nach Rudolf Steiner sprechen, so handelt es sich nicht um Steiners Thesen, Meinungen, Annahmen oder Ideen, sondern um übersinnlich vorzufindende Welt-Tatsachen. Diese Tatsachen findet man, wenn man sich in die Idee des Menschen, in das uns allen zugrundeliegende geistige Urbild, auf spirituelle Weise hinein vertieft. Dazu ist nur ein geschulter Eingeweihter in der Lage. Dem allerdings ergibt sich der ganze Sinn des Menschen, der Grund, weshalb er existiert und warum er so ist, wie er ist und vieles weitere mehr. Das übersinnlich angeschaute Wesen des Menschen offenbart, wie wir in der Welt darinnen stehen, wessen wir bedürfen und was wir zum Gesamten beitragen können, und daran läßt sich dann auch die ideale Lebensform für uns ablesen. Wie der Anblick eines Fahrrades dessen Gebrauch nahelegt, läßt das übersinnlich angeschaute Menschenwesen die Notwendigkeiten des sozialen Umganges wie selbstverständlich deutlich werden. Es geht also nicht um die Frage: Wie wollen oder möchten wir in Zukunft leben, sondern: Wie werden wir leben, wenn wir in konstruktiver Weise dem, was der Kosmos mit dem Menschen vorhat, folgen? Wenn wir dem folgen, was Rudolf Steiner als im Menschenwesen veranlagt erkannte. Würde es nicht gelingen, dem zu folgen, so müßte mit Chaos und Zerstörung in jeder Weise gerechnet werden – so Rudolf Steiner.

Die hier gemeinte Dreigliedrigkeit zeigt sich dem Geistforscher in der übersinnlichen Schau beispielsweise darin, daß im physischen Leib des Menschen drei verschiedene »Funktionsbereiche« zu unterscheiden sind, die sich stark voneinander unterscheiden, die sich aber doch gegenseitig durchdringen und in wunderbarer Weise zusammenwirken. Man unterscheidet den Nerven-Sinnesmenschen vom Atmungs-Kreislauf-Menschen (rhythmisches System) und vom Stoffwechsel-Gliedmaßen-Menschen. Diese drei Körper-Funktions-Bereiche ergeben in ihrem Zusammenwirken schon eine Art Vorbild für die Dreigliederung des sozialen Organismus. Die ideale Gliederung des Gemeinwesens kann also dem Menschenwesen selbst entnommen werden. Besonders hoffnungsvoll stimmt dabei jene Erkenntnis Steiners, die den Kern seines berühmten Frühwerkes »Die Philosophie der Freiheit« darstellt, nämlich daß die Moralität, daß die Freude an der Förderung des Nicht-Ich, des Anderen, der Anderen, daß die Fähigkeit zur selbstlosen Tat, Teil der menschlichen Natur ist. Die niedere Natur des Menschen, die Triebe, Begierden und Instinkte, wirken ungefragt in jedem Menschen. Die höhere Natur ist ebenso veranlagt, muß aber von jedem Einzelnen willentlich ergriffen und ausgebildet werden. Das ist Gegenstand der Kultur. Natürlich muß auch hier die Erziehung die notwendigen Voraussetzungen schaffen, doch der Hauptanteil muß vom Menschen selbst durch Einsicht und guten Willen in Freiheit bewußt gestaltet werden. Wer dies versucht, wer mit Bewußtheit die Sphäre des Moralischen in sich aufsucht, wird unweigerlich auf die Veranlagung zum Höheren in sich treffen. Er wird merken, daß Gerechtigkeit, Mitgefühl, Liebe, daß die selbstlose Hingabe an Andere Bestandteile seines Wesens sind, die darauf warten, aus ihrem Dornröschen-Schlaf durch bewußtes Ergreifen erweckt zu werden. Das aber ist nur in völliger geistiger Freiheit, in Gedankenfreiheit möglich. Und just an diesem Erleben wird deutlich, wie schädlich die Behauptung ist:

der Mensch sei von Natur aus schlecht, unverträglich, hinterhältig etc. Man sollte ihn höchstens als unerzogen oder fehlgeleitet bezeichnen. Aber das ließe sich ändern. Denn die Mittel zu einer angemessenen Erziehung, die in vielerlei Hinsicht eine Selbsterziehung sein muß, liegen vor in den Erkenntnissen Rudolf Steiners, in der spirituellen Wissenschaft der Anthroposophie, und würden beweisen, daß ein auskömmliches Zusammenleben keine Utopie darstellt.

Um das Erfassen dieses komplexen Themas für Leser ohne Vorkenntnisse zu erleichtern, sei hier zunächst auf die Fragen: »Was ist spirituelle Wissenschaft?«, »Wie wird übersinnlich geforscht?«, »Was ist ein Eingeweihter?« und »Wer war Rudolf Steiner?« eingegangen.

Eingeweihte sind Menschen, welche meist schon in früheren Inkarnationen spirituelle Kenntnisse und Fähigkeiten ausgebildet hatten und die von höheren Wesen, wie etwa Engel, Erzengel, Archai, aber auch durch zur Zeit nicht inkarnierte andere menschliche Eingeweihte geschult werden, höhere Bewußtseinsstufen zu erlangen, wodurch es möglich wird, sehr konkret hinter die physische Welt zu blicken.

Die physische Welt, die für gewöhnlich als die einzige angesehen wird, ist im Grunde nur die mehr oder weniger erstarrte Kruste sehr viel feinerer, nicht-materieller Welten, die aber die notwendige Grundlage für die physische Erscheinungswelt darstellen. So liegt unter anderem jeder materiellen Welterscheinung eine Idee zugrunde. Ohne eine Idee kann es keine Erscheinung geben. Will der Mensch bewußt eine Handlung begehen, so muß er zunächst eine Idee haben über das, was er tun will. Ohne eine geistige Idee kann er nicht handeln. Dabei ist zu berücksichtigen, daß die Idee alle Einzelheiten beinhalten muß, die zu ihrer Verwirklichung notwendig sind. Und in diesem Sinne ist die gesamte Welt aufgebaut. Es bedarf immer erst einer rein geistigen Idee, einem sogenannten Urbild, damit etwas geschehen kann, damit es ein Dasein geben kann. Nun ist aber eine solche Idee nicht einfach nur ein Gedanke, ein Bauplan, sondern ein Wesen. Denn alles, alles, alles ist wesenhaft. Und solcherart Ursachen-Wesen nennt man von alters her Geister. Es hat also jede Welterscheinung ihren Geist, ihr Ideenwesen, ihr Urbild, welches den Sinn der jeweiligen Erscheinung enthält und zusätzlich die Kraft besitzt, diesen Sinn zur Erscheinung zu bringen, das Erscheinen also zu bewirken. Und dieses ganz aus Sinn bestehende Geistwesen bildet seine Tätigkeit in unseren Gedanken auszugsweise ab. Von einem Eingeweihten, wie Rudolf Steiner einer war, können diese und andere Geister übersinnlich angeschaut und vollkommen zweifelsfrei erkannt und beschrieben werden. Während dem gewöhnlichen Bewußtsein der Sinn einer Erscheinung nur im schattenhaften Abbild als Gedanke erscheint, tritt das Geistwesen dem übersinnlichen Bewußtsein, der geistigen Schau, als eine lebendige Sinngestalt gegenüber. In einer solchen Weise erforschte Rudolf Steiner die Ideen dieser Welt und teilte seine Ergebnisse unter dem Namen »Anthroposophie« der Menschheit mit. Er verfaßte diverse Schriften und hielt zahllose Vorträge, die zum größten Teil mitstenographiert und später als Bücher herausgegeben wurden. Sein Werk umfaßt heute ca. 380 Bände. Dabei wurden fast alle Lebensbereiche auf den sie bewirkenden Sinn hin geistig untersucht und beschrieben. So daß mit der Anthroposophie eine wirklich umfassende Welterkenntnis gegeben ist, eine der vollen Wahrheit entsprechende Welterklärung, welche die Seele des heutigen Menschen dringend braucht, ja, verlangt. Und tatsächlich erkennt man, wenn man genau hinschaut, hinter dem menschlichen Streben immer auch das Verlangen, sich selbst und die Welt zu begreifen. Jeder möchte wissen, wer und was er als Mensch ist, worin der Sinn seines Erdenleben und der Sinn der Menschheit und der

Welt besteht. Zumindest spielen solche Fragen in der Jugend eine große Rolle. Da aber das heute propagierte Weltverständnis keinerlei wirklich konsolidierende Antworten auf diese Fragen zu geben vermag, erlischt das Interesse früher oder später, denn es finden sich keine Hinweise auf die Existenz der Anthroposophie in der gewöhnlichen Kultur. Sie wird verschwiegen, ja bekämpft. In manchen Fällen finden Menschen religiöse, spirituelle oder auch naturwissenschaftliche Erklärungen, die ihre Sehnsucht mehr oder weniger zu stillen vermögen. Eine wirklich befriedigende Erklärung bietet die Anthroposophie, einfach deshalb, weil ihr Begründer den Sinn, die Ursachen, eben die Ideen, aus denen die Erscheinungen der gesamten Welt hervorgehen, ganz direkt erforscht und beschrieben hat. Der Sinn einer Erscheinung ist deren Bedeutung für die Welt, ist das Verhältnis des Einzelnen zum Gesamten oder die Beziehung der Weltbestandteile untereinander. Diesen Sinn erfassen wir im Denken. Er ist der einzige Inhalt des Denkens und nur durch dieses zu erfassen. Wann immer wir etwas begreifen, wissen, kennen, erinnern, erkennen – es ist immer Resultat unseres Denken, das aber in gar keiner Weise jene subjektive Fähigkeit unseres Gehirns ist, als welche Naturwissenschaft und Psychologie es verstanden haben wollen. Stattdessen ist das menschliche Denken die Fähigkeit, den Sinn der Welterscheinungen durchaus auch objektiv zu erfassen. Und nur dadurch können wir irgend etwas wissen, daß wir den Sinn einer Erscheinung aus dieser gewinnen, indem wir sie denkend durchdringen. Denn der jeweilige Sinn ist draußen in der Welt tätig und schafft seine Erscheinung. Der Geist, das Ideenwesen, enthält diesen Sinn und bringt ihn zur Erscheinung, und in diesen Prozeß schaltet sich unser Denken ein, sofern wir wirklich denken und nicht nur erinnern. Dadurch geht uns der Sinn, nach welchem die Erscheinung geschaffen und erhalten wird, im Bewußtsein auf. Der Anblick, die Wahrnehmung, enthält diesen Sinn nicht, auch wenn die Naturwissenschaft dies glaubt. Sinn kann nur gedacht und in keiner Weise aufgezeichnet werden. Worte, die wir aufzeichnen, enthalten den Sinn genausowenig wie der Anblick einer Welterscheinung, sondern sind wie dieser Anweisungen zum Denken, in welchen der Sinn uns erscheint.

Das menschliche Denken ist also das Vermögen unseres Geistes, zu den

Wahrnehmungen der Sinne den gedanklichen Sinn, hinzuzufügen. Das Gehirn ist ein Aufzeichnungs- und Erinnerungs-Apparat, der nicht etwa Wahrnehmungen und Gedanken abbildet, sondern Zeichen für Gedanken und Bilder aufzeichnet. Bei der Erinnerung werden anhand der Zeichen die Bilder und Gedanken neu erzeugt. Dabei kommt es darauf an, daß wir lernen, mehr und mehr den Gedanken aus dem jeweiligen Objekt oder Objekt-Zusammenhang zu entnehmen, anstatt auf das Wissen, das Erlernte, die Erfahrung zurückzugreifen.

Diese besondere Methode, den Gedanken dem Objekt zu entnehmen, nannte Rudolf Steiner das goetheanische, das produktive, schöpferische oder einfach das neue Denken. Und im Sinne dieser Vorgehensweise habe ich versucht, mich nach dem Studium der Schriften und Vorträge Rudolf Steiners zum Thema der Dreigliederung des sozialen Organismus, in diesen Organismus beobachtend hineinzuleben. Was dann als Resultate dieser Beobachtung mir gedanklich erschien, bildet den Inhalt dieser Schrift. Sie soll nicht vertiefend in die Einzelheiten untertauchen, sondern den Denkprozeß der Leser in eine bestimmte Richtung lenken. Wer Genaueres erfahren möchte, der lese bitte die Werke Rudolf Steiners bzw. die zahlreichen Schriften der anthroposophischen Dreigliederungs-Spezialisten.

Um auch die bereits erwähnten Leser ohne anthroposophische Vorkenntnisse in angemessener Weise an das eigentliche Thema dieser Schrift heranzuführen, war es notwendig, auch in die nun folgenden Kapitel immer wieder anthroposophische Grundkenntnisse einzuflechten. Dies konnte natürlich nicht umfänglich geschehen, da sonst das Thema des Sozialen aus dem Fokus geraten wäre. Ich möchte deshalb raten, jene Passagen mit Bedacht zu lesen, und gründlich zu durchdenken. Denn ohne die Erklärungen zu Geist, Seele, Denken etc. kann die Dreigliederung des sozialen Organismus nicht verstanden werden. Aber gerade das Verstehen dieser Zusammenhänge wird in der nächsten Zukunft dringend erforderlich sein, wenn es mit der Menschheit wieder aufwärts gehen soll.

Juli 2020, Hans Bonneval

Teil I
Die Wissenschaft vom verträglichen Zusammenleben

2. Der soziale Organismus

Die spirituelle Welterklärung Rudolf Steiners in Form der Anthroposophie faßt das Zusammenleben der Menschen, das soziale Gefüge, als einen Organismus auf. Dabei spielt es keine Rolle, aus wieviel Teilnehmern ein solcher Organismus jeweils besteht. Schon ein zusammenlebendes Paar bildet einen sozialen Organismus, ebenso eine Familie, eine Schulklasse, eine Kollegenschaft, ein Verein, eine Mannschaft, eine Partei, eine Gemeinde, ein Volk, ein Staat und natürlich die Gesamtbevölkerung der Erde. Wo immer ein Zusammenwirken von Menschen stattfindet, handelt es sich um einen sozialen Organismus. Die entscheidende Frage für die Menschen ist: »Wie muß ein solcher Organismus gelenkt und gestaltet werden, damit durch ihn für alle Beteiligten ein zufriedenstellendes Auskommen möglich wird?« Denn so, wie es Störungen im schaffenden Prozeß eines Pflanzen-, Tier- oder Menschenorganismus geben kann, die wir gewöhnlich als Krankheiten, Unpäßlichkeiten oder auch als Behinderungen bezeichnen, so können auch soziale Organismen erkranken, unpäßlich oder behindert sein. Das bedeutet, daß, so wenig der menschliche Organismus beliebig behandelt und versorgt werden kann, weil ihm ein ganz bestimmtes Konzept, eine Idee zugrunde liegt, so wenig ist dies beim sozialen Organismus der Fall. Auch ihm liegt ein Plan, eine Idee, zugrunde, die, wenn sie nicht beachtet wird, zu Fehlfunktionen und Krankheiten, ja bis hin zum Tode der jeweiligen Gemeinschaft und sogar auch ihrer Mitglieder führen kann. Will man also erreichen, daß die menschlichen Gemeinschaften in sich harmonisch leben können, so muß man – wie man dies bei seinem physischen Organismus auch praktiziert – den Sinn und die Funktionsweise der einzelnen Organe und ihr Zusammenwirken als Organismus zu ergründen und zu beachten suchen. Solange dies allerdings nur rein äußerlich, materialistisch betrieben wird, wie es in der Natur- und Sozialwissenschaft heute der Fall ist, kann man gewiß eine erstaunlich große Menge an Erkenntnissen gewinnen, doch der Sinn, die Idee des Einzelnen und der Gesamtheit erschließen sich nicht bzw. nicht vollständig. Das hat zur Folge, daß auch bei bestem Willen – sofern vorhanden – die sozialen Einrichtungen den tatsächlichen Bedürfnissen nicht oder nicht in vollem Umfang entsprechen. Nach Rudolf Steiner wird es nur Niedergang geben können, solange die spirituellen Grundlagen des Menschen und der Menschheit nicht erkannt und berücksichtigt werden. Erkannt sind sie durch Rudolf Steiner. Doch das verträgliche Funktionieren der sozialen Organismen fordert auch von deren Teilnehmern bzw. Mitgliedern ein grundsätzliches Erkennen.

Ursprünglich waren die Menschen durch soziale Instinkte unbewußt geführt. Später, als die Instinkte verblaßten, empfingen sie die Konzepte zum verträglichen Verhalten innerhalb ihrer sozialen Organismen in Form von Gedanken, die ihnen eingegeben wurden. Die Priester, Schamanen und Druiden erlebten durch ihre Riten und Kulte göttliche Offenbarungen. Wie z. B. Moses, empfingen sie Gesetze bzw. Gebote, die dogmatisch das Verhalten bis in alle Einzelheiten regelten. Auf diese Weise entstanden die verschiedenen Volkskulturen. Es war durchaus nicht so, daß man Jahrtausende herumprobiert hat, bis man Verhaltensweisen, Werkzeuge und Herstellungsverfahren der Kulturgüter endlich gefunden hatte. All dies wurde den verschiedenen Stämmen und Völkern bis ins Kleinste durch göttlich-geistige Wesen über die Kulte übermittelt. Das ist der eigentliche Gehalt der alten Religionen und Kulte: die tatsächliche Verbindung zu den höher entwickelten Wesen des Kosmos, den Göttern bzw. Engelwesenheiten.

Doch die Welt hat sich weiterentwickelt. Der Mensch wurde bewußter und selbständiger, während die Verbindung zu den göttlichen Lehrern allmählich dahinschwand. Heute können die alten dogmatischen Mitteilungen der Götter kaum noch verstanden und angewandt werden, ja, das Praktizieren alter Rituale und Techniken ist in vielen Aspekten sogar gefährlich, weil sich viele Verhältnisse aus der Gründerzeit der Religionen stark – z. T. bis in ihr Gegenteil hinein – verändert haben. Insofern war eine Erneuerung der alten spirituellen Praktiken und eine Neufassung der überlieferten Weisheiten notwendig. An die Stelle der dem mehr passiven Menschen einst geoffenbarten religiösen Weisheiten ist nun die aktive Erforschung der göttlich-geistigen Welt in Form der Anthroposophie getreten. Rudolf Steiner empfing nicht im alten Sinne Offenbarungen, sondern er erforschte die Welt-Ideen aktiv und fügte der Naturwissenschaft hinzu, was dieser fehlt: den Sinn des Einzelnen und des Ganzen, der in Form geistiger Wesen eine nicht-physische Weltensphäre bevölkert und die Ursache für alle Welterscheinungen darstellt. Ohne eine genaue Kenntnis der Ursachen des Seins, das heißt ohne eine Kenntnis der geistigen Welt, kann die physische Welt nicht verstanden und adäquat behandelt werden.

Da jeder Welterscheinung ein Ideenwesen zugrunde liegt, existiert auch für jeden Menschen eine Idee, ein Ursachenwesen und zwar in Form seines Iches. Das uns als Menschen ausmachende Ich ist zunächst der Repräsentant der Idee des persönlichen Menschen, der wir sind, mit allem, was zu uns gehört. Diese Idee ist in ihrer Gesamtheit der Geist oder das Geistige, das unserer Existenz zugrunde liegt, das Urbild, von dem nur immer ein Auszug, nämlich die Persönlichkeit, auf der Erde inkarniert. Dieser die Persönlichkeit bildende Auszug aus unserem Gesamtgeist erscheint dem auf der Erde lebenden Menschen zunächst als sein Ich, als das, was er selbst ist, als der Mittelpunkt dessen, was er erlebt und gelernt hat, was er weiß und kann und aus dem heraus er seinen eigenen Willen zum Tun entfaltet. Damit aber dieses Ich von sich und von der Welt wissen kann, bedarf es dessen, was man ziemlich unscharf die Seele, besser aber das Bewußtsein oder den Astralleib nennt. Dieser Seelen- oder Astralleib ist auch Teil der großen Mensch-Idee. Und ebenso ist es mit dem physischen Leib. Damit der individuelle Menschengeist in Form des Iches in der physischen Welt leben und in diese eingreifen kann, bedarf es eines physischen Leibes als Gefäß und Werkzeug mitsamt der Stofferzeugung, dem sogenannten Ätherleib, und auch diese komplexe Leibes-Erscheinung ist Teil der umfassenden, in der geistigen Welt lebenden, Idee des Menschen, welche das uns hier auf der Erde erscheinende Ich repräsentiert. Das, was uns sagen läßt: »Ich existiere«, ist der Teil unseres Gesamt-Geistes, der die geistige Welt verlassen hat für dieses Erdenleben. Der Mensch besteht also nicht – wie die Naturwissenschaft annimmt – lediglich aus dem physischen Leib, sondern aus diversen nicht-stofflichen, in sich geschlossenen Gliedern, die sich gegenseitig durchdringen und zusammenwirken. Diese nicht-stofflichen Wesensglieder können nicht mit dem sinnlichen Gegenstandsbewußtsein, in dem wir alle leben, erfaßt werden, sondern um diese wahrzunehmen bedarf es der Ausbildung höherer Bewußtseinsstufen, wie sie Rudolf Steiner ausgebildet hatte.

Wenn wir nach den Angaben Rudolf Steiners den auf der Erde lebenden Menschen in seiner gröbsten Einteilung beschreiben wollen, so finden wir ihn bestehend aus Körper, Seele und Geist. Wobei der Geist das eigentliche, ewig existierende Menschenwesen selbst darstellt, welches sich durch die Erfahrungen eines jeden Erdenlebens bereichert. Geist ist Idee und Ursache zugleich und prinzipiell unvergänglich. Die Seele dagegen überlebt zwar den Tod des Leibes, aber auch sie erleidet nach einer gewissen Zeit im Nachtodlichen eine Art Auflösung. Das Ich, der inkarnierte Teil des Gesamt-Geistes, kehrt auf einem langen Weg der Auswertung des vergangenen Erdenlebens – um die Erträgnisse des vergangenen Erdenlebens bereichert – zurück in die geistige Welt in seinen Gesamt-Geist. Die Idee des persönlichen Menschen wächst in der Regel durch jedes Erdenleben in erheblichen Maße. Und da sich die Erdenverhältnisse ständig ändern, werden die erworbenen Fähigkeiten immer wieder neu auf die Probe gestellt und durch neue Erfahrungen erweitert. Zwar erfolgt die Weiterentwicklung der Menschheit heute nicht mehr durch Zwang, aber sie ist als ein Plan veranlagt, dessen Befolgung dem Menschen im Zuge seiner Entwicklung zu einem freien Wesen zu gewissen Teilen anheimgestellt ist. Wir finden in unserm Leben allerlei zu lösende Probleme und Aufgaben vor und folgen dabei unbewußt diesem Plan, ganz individuell besser oder schlechter. Daraus ergeben sich dann nach dem Tode die Erträgnisse des Lebens, unsere Stärken und Schwächen, unsere hilfreichen und hinderlichen Taten und all das vergleichen wir mit dem Menschheits-Entwicklungs-Plan, woraus sich dann das Maß der Erfüllung bzw. Nicht-Erfüllung dieses göttlichen Planes ergibt. Durch die nachtodliche Auswertung des vergangenen Lebens ergibt sich, was nach der östlichen Weisheit das Karma genannt wird, das Schicksal, und wir schmieden daraus bereits den Plan für das nächste Erden-Leben, welches zu diesem Zeitpunkt noch in weiter Ferne liegt. Soweit zur menschlichen Wesenheit.

Kommen wir auf den sozialen Organismus zurück, so müssen wir auch ihn auf ein geistiges Ideen-Wesen zurückführen, von welchem jeder wie auch immer geartete Organismus des Sozialen ein Abbild in sich trägt als die ihn hervorbringende und lenkende Idee, die wiederum ein Teil der Mensch-Idee ist. Man kann aus der Idee des Menschen übersinnlich herauslesen, daß und wie der Mensch sich sozialisieren muß. Diese Idee, der Sinn also, kann aber nicht durch die Methoden der heutigen Wissenschaften gefunden werden – schon gar nicht durch eine psychologisch grundierte Soziologie. Eine materialistische Sozialwissenschaft rechnet nicht mit dem Geist, rechnet nicht mit einer lebendigen Idee, welche sich in Form der Gemeinschaften realisiert, und je tiefer diese Wissenschaft forscht, desto tiefer gerät sie in die menschlichen Triebe, Begierden und Instinkte und leitet aus diesen soziale Gesetze ab. Überspitzt formuliert fordert die psychologisch unterlegte Sozialwissenschaft das hemmungslose Ausleben der tierischen Natur und behauptet dann, daß doch im Grunde jeder sich selbst der Nächste sei, daß der Mensch opportunistisch und zu jeder Untat fähig sei. Würde sie die Idee des Menschen und Welt und damit auch den Sinn des sozialen Organismus erkennen, wie diese in der Anthroposophie dargelegt sind, so würde sie das Gegenteil vorfinden. Sie würde finden, daß jenes psychologische Dogma vom Ausleben der Triebe den Hauptgrund für die festzustellenden Defizite im Sozialen bewirkt. Durch ihren Materialismus hat die Wissenschaft, welche das Weltbild der Weltbevölkerung maßgeblich prägt, die natürliche Entwicklung des Menschen unterbrochen und in einen Abwärtstrend geführt. Das hat bewirkt, daß heute ein gewaltiger Überhang in den Menschen besteht an unerfüllter Sehnsucht nach seelisch-geistiger Entwicklung. Das materialistische Weltbild der Wissenschaft hat allen Sinn aus der Welt entfernt, hat einen Hunger, einen Durst nach Sinn entstehen lassen, der durch Diversität und Überangebot an digitalen Informationen kompensiert werden soll. Doch dieses Vorgehen korrumpiert nicht nur die Seele des sinnsuchenden Menschen, sondern auch jede Form des sozialen Organismus. Bildschirme zeigen keine Realität, sondern Imitate. Lautsprecher übermitteln keine Stimmen oder Klänge, sondern Imitate dieser. Das Echte fehlt jeweils. Ich kann auch per Funk nicht sozial werden, ich müßte schon den anderen Menschen wirklich gegenübertreten für eine vollgültige Begegnung. Wir schneiden das Erleben des Seelischen und Geistigen, das sich bei einer echten Begegnung überträgt, durch die Technik ab. Ich erlebe dabei sehr wohl meine Gedanken und Gefühle, wenn der andere spricht, aber nicht die seinigen. Wir reduzieren unsere Verbindung auf das rein Materielle.

Übertragen auf den sozialen Organismus bedeutet dies, wir reduzieren ihn auf die Triebe, Begierden und Instinkte. Die Zukunft des Menschen liegt aber in der Realisierung geistiger Ideale, welche die Triebe und Begierden entschärfen und harmonisieren. Was in alter Zeit die Natur durch uns regelte, muß jetzt von uns bewußt erkannt und durchgeführt werden. Und gerade weil die Technik uns oberflächlich glauben macht, daß sich der soziale Austausch durch sie verstärkt hätte, erlebt der tiefergründig Schauende das Gegenteil. Die Menschen verlieren einander seelisch-geistig. Es besteht ein großer Unterschied zwischen einem Telefonat, bei dem ich letztlich nur meine aus den Worten meines Gesprächspartners generierten Gedanken und Gefühle erlebe, und einem leibhaftigen Treffen bei dem ich zusätzlich zu meinen auch noch seine Gedanken und Gefühle durch meine höheren Sinne erlebe. Das ergibt erst ein soziales Erleben. Und gerade der Organismus des Sozialen muß erlebt werden, um zu werden, was er sein soll. Man gehe nur in ein Kaufhaus oder einen Supermarkt und frage sich, ob das Gefühl der Gemeinsamkeit aufkommt.

Das alles will nicht sagen, daß man die Technik nicht nutzen sollte, aber man sollte versuchen, zu durchschauen, was wirklich vorliegt und das wird nur gelingen, wenn man die geistigen Forschungsresultate Rudolf Steiners berücksichtigt.

3. Das Prinzip der Welt

Wenn ich versuche die verschiedenen direkten und indirekten Angaben Rudolf Steiners zur »Ursache« der Welt zusammenfassend zu interpretieren, dann scheint sich dem Geist-Forscher als die Quelle unseres Sonnensystems ein sich selbst konstituierendes makrokosmisches »Super-Geist-Wesen« zu ergeben als das Welt-Prinzip, das sich ständig selbst hervorbringt. Für unseren Verstand scheint dies zunächst nicht nachvollziehbar, denn es gibt für dieses Wesen keine Ursache, kein Woher außer dem Wesen selbst. Der Gott ist Ursache und Wirkung zugleich indem er sich und damit die Welt ständig aus dem scheinbaren Nichts hervorbringt und wieder auflöst – scheinbar, denn ein Nichts existiert nun einmal nicht und daher kann aus ihm auch nichts hervorgehen. Dieses »aus dem Nichts« ist eben so eine Redensart, die sich aber nicht wirklich denken läßt. Das scheinbare Nichts meint andere Substantialitäten, die in der Neu-Esoterik gern als andere Dimensionen bezeichnet werden, unter denen die materielle Welt nur eine von mehreren ist. Man muß daher das Sein als permanente – alles umfassende – Existenz ohne Gegensatz versuchen hinzunehmen, die in Form von mehreren, in sich geschlossenen und einander durchdringenden Ganzheiten oder Welten besteht – ähnlich wie die menschlichen Wesensglieder. Innerhalb des Seins, zu dem es kein Außerhalb gibt, erscheinen zwischen verschiedensten anderen Seins-Arten Raum, Zeit und Materie, welche die uns bekannten Formen der Entwicklung des Erscheinenden ermöglichen. Der Gott ist zunächst außerhalb von Raum und Zeit zu denken. Es gab also kein Vorher, wo noch nichts war. Sondern es war, ist und bleibt das eine Sein durch das sich selbst seiende Prinzip des Gottes-Geistes, welches – indem es Raum und Zeit hervorbringt, eine materielle Entwicklung anstößt, innerhalb derer wir uns momentan befinden, sofern wir auf der Erde inkarniert sind. Das Sein war, ist und bleibt in ständigem Wandel.

Die Schöpfung geschieht, indem der Gott sich von Teilen seiner selbst trennt, insofern als er diesen ein selbständiges Dasein ermöglicht. Er opfert Teile seines Eigenseins denkend dahin, indem er Wesen durch Denken emaniert, die seinem Ebenbild entsprechen. Daher bringen sich alle geschaffenen Wesen – also auch jeder Mensch – nach dem Vorbild des Gottes ständig denkend selbst hervor. Ein Geist- oder Ideen-Wesen, ein Urbild, ein Ich, ist also ein sich selbst ständig hervorbringendes Prinzip nach des Gottes Ebenbild. – So jedenfalls habe ich Rudolf Steiner verstanden und möchte dies aber lieber als Arbeitshypothese verstanden wissen, denn als durch eindeutige Zitate zu belegende Tatsache. Denn die Aussagen Steiners zum Wesen des Göttlichen sind in seinem Werk sehr weit gestreut, recht unterschiedlich und scheinen mir einer gewissen Entwicklung innerhalb Steiners Lebensgang zu unterliegen. Ich halte es daher nicht für vertretbar, auf diesem Sektor definitive Wahrheiten aus Steiners Werk feststellen zu wollen. Aber weil das so ist, daß der Mensch nach dem Ebenbild Gottes geschaffen worden sein soll, was Rudolf Steiner nach seiner eigenen Forschung bestätigt, kann man natürlich aus dem geisteswissenschaftlichen Erkennen des Menschen wiederum Rückschlüsse auf das Göttliche ziehen. Deshalb nennt Rudolf Steiner seine Wissenschaft vom Geist auch die Anthroposophie, die Weisheit vom Menschen, denn der Mensch ist ein Mikrokosmos im Makrokosmos. In ihm wirkt all das, was im Kosmos geistig-astralisch über riesige Sphären ausgebreitet waltet. So ist beispielsweise das Herz des Menschen mitsamt dem Gefäßsystem ganz konkret eine Nachbildung der Sonne zusammen mit den Bahnen der Planeten. Der sich entwickelnde Mensch ist der Sinn unseres Sonnensystems. Seine Entwicklung zum freien Geist steht im Zentrum des Schaffens zahlloser göttlich-geistiger Wesen des Kosmos. Diese zunächst unwahrscheinlich klingende Zuordnung läßt schon die Dramatik erkennen, in die wir uns mit dem Ansinnen begeben, eine ideale Lebensform nach den Forschungen Rudolf Steiners beschreiben zu wollen.

Das Göttliche selbst als das Prinzip dieser Welt besteht aus drei Gliedern, welche die Urweisheit als Vater, Sohn und Mutter bezeichnet hat, woraus dann später die sogenannte Dreieinigkeit aus Vater, Sohn und Heiligem Geist wurde. Dieses in fast allen Kulturen traditionell bekannte trinitarische Prinzip spiegelt sich in aller Schöpfung wieder. Das Vaterprinzip bezeichnet die Quelle und das tragenden Element des gesamten materiellen Seins, welches Steiner meist als die physische Welt bezeichnet. Der Sohn dagegen ist der Schöpfer alles Seelischen, alles sich innerlich Regenden,

Bewußtwerdenden, das Urbild der seelischen oder astralischen Welt. Das Mutterprinzip faßt alles Geistige, alles Ideenartige im Kosmos zusammen, es ist Schöpfer der geistigen Welt. Dies spiegelt sich im Menschen wieder, indem das Vater-Prinzip unserem physischen Leib zugrunde liegt, das Sohneswesen der Seele und das Mutterprinzip im menschlichen Geist verwirklicht ist. Auch im Erkenntnisprozeß des Menschen tritt die göttliche Trinität wieder deutlicher hervor. Mit den Sinnen seines aus dem Vater-Prinzip stammenden Leibes nimmt der Mensch die materielle Welt wahr. Das Wahrgenommene wird dem Menschen in der aus dem Sohnes-Prinzip stammenden Seele bewußt und von dem aus dem Mutter-Wesen stammenden Menschengeist mit Gedanken durchsetzt und erkannt. Dabei erkennt das Geist-Prinzip auch das Bewußtsein, die Seele und sich selbst als Geist. Es entstehen Selbsterkenntnis und Selbstbewußtsein. Es erkennt, daß es die Welt erkennt und die Erkenntnisse bewahrt, um aus ihnen ein Verhalten für den Leib in der materiellen Welt zu generieren und kommt sich dabei selbst auf die Spur. Das selbstbewußte Ich bezieht jede neue Erkenntnis auf seinen eigenen Inhalt, auf das, was es als Erkanntes in sich bewahrt hat, auf sein Wissen, seine Erfahrung, also auf sich, und gewinnt daraus Gefühle der Sympathie und Antipathie, aus denen sich die Willensimpulse für das angemessene Verhalten ergeben. Das Verhalten greift in vielen Fällen verändernd in die materielle Welt ein. Die aus dem Willen hervorgehenden Taten, die Eingriffe in die Welt, werden wiederum von den leiblichen Sinnen wahrgenommen (Vater) und in der Seele bewußt (Sohn), um vom Geist (Mutter) wiederum erkannt zu werden, was ggf. weitere Willensimpulse für Taten zur Folge hat usw. Wir sehen also, daß menschliches Leben ein permanentes Ineinandergreifen der drei göttlichen Prinzipien bedeutet.

Die göttliche Trinität liegt in ihrem Zusammenwirken allem Sein zugrunde und hat eine unüberschaubare Zahl von Wesen, die nicht in der Materie leben, hervorgebracht, die den Kosmos seelisch und geistig bevölkern, von denen viele sehr viel höher entwickelt sind als wir. Allein die Menschen leben derzeit in der Materie und haben keinerlei Bewußtsein von dem, was den Kosmos erfüllt. Obwohl der eigentliche Mensch ein ewig lebendes Geistwesen darstellt, ist die Menschheit gegenwärtig vollkommen im Materialismus versunken. Außer der Anthroposophie und einigen Resten alter Kulte und Religionen existiert kaum noch ein realitätsnahes Wissen vom Geist in der aufgeklärten Menschheit. Nach den Angaben Rudolf Steiners mußte dies einmal geschehen, daß die Menschen ganz entfernt wurden von dem alten, vorchristlichen Wissen um den Geist. Denn dieses alte Wissen darf heute nicht mehr als Grundlage für das Verhalten des Einzelnen verwendet werden, weil der Mensch und seine Entwickelungs-Aufgabe vollkommen neu gestaltet wurden. Die Selbstständig-Werdung ist durch das Opfer des Christus in eine ganz neue Phase getreten. Deshalb ist jetzt diese Zeit der geistigen Verdunkelung vorüber. Jetzt, wo wir selbständiger geworden sind, sollen wir das Nicht-Materielle Seelische und Geistige der Welt wieder entdecken und verstehen. Und genau dazu ist die Anthroposophie in die Welt gestellt worden. Sie legt uns unter vielem anderen das Prinzip dieser Welt in Form der göttlichen Trinität nahe. Auch wenn die Kirche dies nicht mehr in einer solchen Form vermitteln will oder kann, es ist doch zunächst sehr gut nachvollziehbar, daß diese drei sehr verschiedenen ineinandergreifenden göttlichen Prinzipien unserem Dasein zugrunde liegen. Denn ohne diese göttlichen Wesen, aus dem reinem Materialismus, wie er der Naturwissenschaft zugrunde liegt, wird das menschliche Sein und Werden in gar keiner Weise einem Sinn zugeführt, durch den es begreifbar, nachvollziehbar, verstehbar würde. Die Naturwissenschaft endet in einem sinnfreien Sein aus einem Urknall ohne Anlaß und vergißt dabei, daß Wissen immer nur dann entsteht, wenn Sinn gefunden wird.

Das trinitarische Prinzip findet sich in allem Sein wieder bis in die feinsten Verzweigungen. Und so ist es auch bezüglich des physischen Leibes des Menschen. Deutlich zu unterscheiden sind drei verschiedene Glieder oder Wirkens-Bereiche. Im gesamten Leib wirkend, aber im unteren Bereich des Leibes, in den Stoffwechsel- und Reproduktions-Organen, sein Zentrum habend, ist der Stoffwechsel-Gliedmaßen-Mensch sehr deutlich zu unterscheiden vom Nerven-Sinnes-Menschen, dessen Zentrum sich im Kopfbereich des Leibes befindet. Wiederum sehr deutlich unterscheidet sich von diesen beiden Organ-Zusammenhängen der mittlere sogenannte rhythmische Mensch. Das Herz bildet das Zentrum des Atmungs- und

Blutkreislaufs-Menschen. Diese drei Funktionsbereiche des physischen Leibes müssen einwandfrei zusammenarbeiten um dem Menschen den Aufenthalt auf der physischen Erde zu ermöglichen. Ähnlich und wiederum vergleichbar mit dem Zusammenwirken der drei Wesen der göttlichen Trinität in jedem Menschen ist das Zusammenspiel der drei Seelenfähigkeiten von Denken, Fühlen und Wollen. Wobei das Wollen den Leib in der physischen Welt agieren macht, das Denken zunächst die Situation erkennt und die Ideen zur Handlung faßt, und das Fühlen die Abstimmung zwischen Idee und der Möglichkeit ihrer Verwirklichung in der physischen Welt ausmutet. Sie wägt ab, wie die Tat zu erfolgen hat im sozialen Zusammenhang, ohne diesen über Gebühr zu belasten.

Die folgende Tabelle bringt einige dieser trinitarischen Entsprechungen in die Übersicht:

Trinität	Wesensglied	Körperregion	Leibesfunktion	Seelenfähigkeit	Dreigliederung	Ideal
Mutter	Geist	Kopf	Nerven-Sinnes-System	Denken	Geistesleben	Freiheit
Sohn	Seele	Brust	rhythmisches System	Fühlen	Rechtsleben	Gleichheit
Vater	Körper	Bauch	Stoffw.-Gliedm.-Syst.	Wollen	Wirtschaft	Brüderlichkeit

Lenken wir nun den Blick auf den sozialen Organismus, so erkennt der geistig Forschende zwangsläufig auch in ihm die göttliche Trinität wieder. Wie der Mensch aus Leib, Seele und Geist besteht, ist auch das Soziale ein Organismus aus Wirtschaftsleben, Rechtsleben und Geistesleben. Das Vaterprinzip wirkt dabei in allem, was körperlich ist und was man berechtigterweise als Wirtschaftsleben bezeichnen kann. Das Prinzip des Sohnes findet sich wirkend im Inneren, im Seelischen der Sozietät, im Rechtsleben. Und der Heilige Geist bewirkt das Ideen-getragene Geistesleben. Will man die Gesetze des Zusammenwirkens der drei Glieder des sozialen Organismus ergründen, so kann dies an dem Ineinander-Greifen von Denken, Fühlen und Wollen im einzelnen Menschen geschehen oder durch das übersinnliche Studium der symbiotischen Wirkungsweise der genannten drei Leibes-Funktions-Bereiche.

Und zwar beginnt das Wirken des Menschen stets mit einer Idee. Ohne von einer Idee (Mutter) durchdrungen und überzeugt zu sein, kann keine Tat erfolgen, kein Verhalten generiert werden. Die Idee wird in der Seele (Sohn) bewußt und erzeugt den Willen, der den Leib (Vater) zur Tat bewegt. Der Mensch muß also betreiben ein Geistesleben, um Ideen zu haben, ein Rechtsleben um seine Tat nach Zumutbarkeit und Gerechtigkeit mit seinen Sozialpartnern abzustimmen und ein Wirtschaftsleben, innerhalb dessen die Taten als Eingriffe in die physische Welt erfolgen können, um dem bedürftigen Menschen zu dienen. Dies ließe sich noch in viel feinerer Weise verfolgen, was aber an dieser Stelle nicht geboten ist. Nach diesem Muster ist nun auch der soziale Organismus aufgebaut. Ganz gleich, welche Art von Sozietät man anschaut, stets muß entsprechend dem Geistesleben nicht nur eine Idee bzw. ein Konglomerat von Ideen zugrunde liegen, sondern es sollte innerhalb eines jeden sozialen Organismus ein lebendiges Ideenleben, ein Geistesleben, gepflegt werden, in welches stets die Erkenntnisse aus den Erfahrungen der Einzelnen einfließen, so daß der Organismus weder aus seiner Sinn-Bestimmung herausfällt noch die Verbindung zur Welt, zu den Mitgliedern, Kunden oder Klienten, verliert. Dazu müssen die Ideen ständig bewegt und gepflegt, das heißt geprüft, erneuert, erweitert, korrigiert und angepaßt werden. Täglich sollte der Sinn der einzelnen Einrichtungen in einem rituellen Bewußtseinsakt auf das Geschehen bezogen durchdacht werden. Und immer sollte die Frage nach Möglichkeiten, dem Ideal näherzukommen, gestellt werden. Ein lebendiges Gedankenleben, ein freies Geistesleben sollte einem jeden sozialen Organismus die Grundlage geben.

Dem aus den Mutterkräften hervorgehenden Ideen- bzw. Geistesleben gegenüber steht in gewisser Weise das Wirtschaftsleben entsprechend dem Wirken der Vatergottheit. Gleichgültig, ob es sich um einen Wirtschaftsbetrieb, eine Familie oder ein Parlament handelt, jeder soziale Organismus hat ein Wirtschaftsleben. Er nimmt in irgend einer Weise teil an Produktion, Handel und Konsumtion von Waren und Dienstleistungen. Die Familie hat Bedürfnisse und konsumiert Waren und Dienstleistungen, aber es wird auch gearbeitet. Das Parlament braucht Räume, Informations-Technik, Sicherheitspersonal, Nahrungsmittel, sonstige Materialien, stellt aber keine Produkte her, die gehandelt werden. Der Wirtschaftsbetrieb ist schon von seiner Idee her ganz dem Wirtschaftsleben gewidmet, hat also in diesem Bereich seinen Schwerpunkt, braucht aber natürlich auch ein Geistes- und ein Rechtsleben. Das Wirtschaftsgeschehen spiegelt sich am Fluß des Geldes, welches eine Art Meß-Regler für das eigentliche Geschehen darstellt. Man verwechsle das hier gemeinte Geldwesen nicht mit dem heute verwendeten Finanzsystem, welches im Grunde das Instrument zu einem Super-Verbrechen darstellt.

Vielen erscheint das Wirtschaftsleben zunächst als der wichtigste Bereich des Lebens, doch das ist ein Irrtum. So wichtig die Versorgung auch ist, sie darf in keinem Fall über die anderen Bereiche herrschen – wie dies heute der Fall zu sein scheint. Führen muß das Geistesleben, führen müssen die Ideen. Aber dennoch muß das Wirtschaftsleben und ebenso das Geistes- und das Rechtsleben in ihrem eigenen Bereich vollkommen selbständig agieren können. Zwischen Geistes- und Wirtschaftsleben vermittelt – entsprechend dem Sohnesprinzip – das Rechtsleben, jener Bereich, in welchem alle Beteiligten gleichwertig sind. Denn im Geistesleben ist jeder als Individuum zu betrachten, jeder denkt frei, was sich ihm ergibt und trägt seine Ideen ungehindert in den Organismus hinein. Die Ideen der einzelnen Mitglieder treten hier in Konkurrenz – nicht die Menschen, sondern die Ideen. Und ähnlich individuell geht es im Wirtschaftsleben zu. Hier hat jeder andere Bedürfnisse und jede Form der Gleichmacherei kann nur zur Fehlversorgung führen. Der Bereich, in welchem alle Teilnehmer gleichwertig sind, ist zuständig für Schutz und Sicherheit. Hier müssen die Ideen des Geisteslebens, die dem Organismus zugrundliegen, fixiert, verhandelt und verwahrt werden. Durch das Rechtsleben soll der reibungslose Ablauf des Gebens und Nehmens gewährleistet sein. Auch die Einhaltung der Absprachen und Verträge wird hier überwacht. Auch der Eintrag in den Organismus des Einzelnen, seine Arbeit, sein Anteil an den erbrachten Leistungen, wird im Rechtsleben geregelt und gesichert. Und weil Rechtsleben überall dort wirkt, wo alle Beteiligten gleichwertig sind, muß hier demokratisch vorgegangen werden. Über Regelungen, Gesetze, Verträge und Bestimmungen muß demokratisch abgestimmt werden, wie immer man die Verfahren auch gestalten mag. Es darf keine Ausnahmen von der Gleichheit geben und es darf das Prinzip der Gleichheit nicht im Geistes- oder Wirtschaftsleben Anwendung finden, einfach weil dort die Gleichheit nicht gegeben ist.

In der Dreigliederung des sozialen Organismus nach Rudolf Steiner spiegelt sich also das unserem Sein zugrundeliegende dreifältige Göttliche, was auch für nicht-religiöse Menschen nachvollziehbar sein dürfte. Auch wenn sie Hunderte Fragen aufwirft, ist diese Erklärung plausibler als jeder Versuch, aus naturwissenschaftlichen Resultaten eine Welterklärung zu gestalten. Das liegt freilich nicht an den Erkenntnissen der Wissenschaft, sondern am Fehlen des Geistes auf Seiten dessen, der die Erklärung zu geben versucht.

Nun hat sich aber der geistigen Forschung Steiners ergeben, daß in der Vergangenheit es durchaus berechtigterweise den Einheitsstaat gegeben hat, der als regierende Macht alle Bereiche des Daseins umspannte. Und solange im einzelnen Menschen die drei Seelenfähigkeiten des Denkens, Fühlens und Wollens eine eng geschlossene Einheit bildeten, war der Einheitsstaat die adäquate Form des sozialen Organismus. Da aber in neuerer Zeit sich im einzelnen Menschen die drei genannten Fähigkeiten zu trennen begannen, wurde eine neue Struktur des Sozialen erforderlich. Wenn noch im Mittelalter eine Gedanke den Menschen ergriff – was damals noch in sehr viel elementarer Weise der Fall sein konnte – dann waren adäquates Gefühl und entsprechender Wille unausweichlich die Folge. Das hat sich in der heutigen Zeit erheblich abgeschwächt. Der Film- und Fernsehen-konsumierende Mensch lebt vor allem im Gefühl bei Spielfilmen etc. Die Gedanken werden vom Film gelenkt aber sein Wille schweigt vollkommen. Anders der an der Maschine arbeitende Mensch, er ist ganz im Willen, denkt wenig und schaltet das Gefühl ab. Der Journalist lebt gegenüber den Inhalten, über die er berichtet, bloß im Gedanken und hat mehr das Gefühl des Lesers im Sinn als das eigene. Diese Beispiele mögen genügen, um aufzuzeigen, daß diese Trennung der drei Seelenfähigkeiten in der heutigen Zeit bereits weit fortgeschritten ist. Wir haben zu unseren Ideen nicht mehr automatisch das entsprechende Gefühl und die Willensimpulse. Der heutige Mensch muß lernen selbst zu denken, zu fühlen und zu wollen. Und wenn er nicht ganz zum ferngesteuerten Roboter werden will, muß er in allen drei Bereichen lernen, die Initiative ergreifen. Da der Mensch unbewußt stets danach strebt, sein eigenes Inneres in der Gestalt des sozialen Organismus wiederzuerkennen, muß der alte Einheitsstaat, der heute die Länder regiert, in einen dreiteiligen Organismus umgewandelt werden. Mann könnte auch sagen, der ideale soziale Organismus der Zukunft besteht aus drei selbständigen Organismen, aus Geistesleben, Rechtsleben und Wirtschaftsleben.

Wirtschaftsleben: jede Form der Gleichmacherei kann zu Fehlversorgung führen

Der heutige Mensch muss lernen selbst zu denken, zu fühlen und zu wollen!

4. Drei soziale Ideale

Nach der übersinnlichen Forschung Rudolf Steiners findet sich für jedes Glied des sozialen Organismus ein konkretes Ideal, nach welchem in diesem Glied gestrebt werden muß, wenn der Organismus gesund arbeiten soll.

Freiheit

Im Geistesleben ist es die Freiheit, die im Gedanken- und Ideen-Leben herrschen muß. Die Menschen müssen unbedingt frei all das denken dürfen, was sich ihnen ergibt. Da darf es keine Richtlinien geben, wie heute, wo alle möglichen Gedanken als politisch inkorrekt gelten, die nur in irgendeiner Form die Agenda des Establishments kritisieren. Das freie Gedankenleben ist die wichtigste Voraussetzung, um überhaupt einen tragfähigen Sozialorganismus zu schaffen. Aus diesem Grunde hat man im deutschen Grundgesetz festgelegt, daß den Mitgliedern unserer Gesellschaft die Freiheit, die eigene Meinung zu äußern, prinzipiell zugestanden wird, auch wenn dies inzwischen nicht mehr eingehalten wird. Die Freiheit im Geistesleben macht überhaupt erst möglich, daß die Menschen sich zur geistigen Welt vorarbeiten, indem sie die sich ergebenden Fragen in sich stark bewegen, in der Hoffnung, entsprechende Intuitionen zu bekommen, Ideen, welche die Fragen beantworten und die Probleme lösen. Diesen Intuitions-Prozeß hat Rudolf Steiner in seinen erkenntnistheoretischen Schriften ausführlich dargestellt. Demnach sollte sich jeder an der Optimierung und Erweiterung des sozialen Organismus beteiligen, indem er nach neuen bzw. besseren, d.h. angemesseneren Verfahren sucht, mit dem Ziel, das Zusammenleben möglichst sinnerfüllend zu gestalten. Ein großes allgemeines Ideen-Suchen wäre dieses Geistesleben, in welches weder Rechts- noch Wirtschaftsleben bestimmend eingreifen dürfen.

Die Freiheit ist auch deshalb unverzichtbar, weil jeder Mensch im freien Gedankenleben seinen Lebensplan Stück für Stück aus der geistigen Welt, in welcher er vor der Inkarnation gelebt hat, heruntergeholt. Es ist wie eine Art Erinnerung an die Zeit in welcher wir unter den Geistern gelebt haben, die hier auf der Erde körperlich realisiert sind. Hier erleben wir die Leiber der Welterscheinungen. Vor der Inkarnation erlebten wir deren Ideen-Wesen, die Urbilder, die Geister. Und dieses Geisterinnern darf nicht durch Unfreiheit im Geistesleben, durch Gedankenvorschriften gestört werden, wenn der Mensch er selbst werden soll. Vor unserer Inkarnation haben wir zahlreiche Vorbereitungen für unser Erdenleben getroffen. Nach der Geburt sind wir darauf angewiesen, durch ein bewußtes und vollkommen ungehindertes Geistesleben all das von uns und von höheren Wesen für unser Erdenleben Bereitgestellte herunter in die physische Welt zu holen. Insofern ist die geforderte Freiheit das Fundament von Wissenschaft, Kunst und Religion. Ohne Freiheit kann die Menschheit nicht gelingen.

Außer den Ideen sollen im Geistesleben auch die Talente und Fähigkeiten der einzelnen Teilnehmer des sozialen Organismus dargestellt und angeboten werden, so daß sich Interessierte finden können, welche an der Nutzung der Fähigkeiten Interesse haben, sie entweder für sich zu nutzen oder für die Gemeinschaft nutzbar zu machen. Auf dem Markt der Ideen und Fähigkeiten würde Konkurrenz herrschen, die man im Gegensatz zu der heute herrschenden Konkurrenz im Wirtschaftsleben eine positive Konkurrenz nennen kann, denn hier würden nicht die Menschen, die Firmen konkurrieren, sondern die Ideen. Das bedeutet, im Idealfall würde der unterlegene »Konkurrent« nicht enttäuscht zurückbleiben, sondern sich über die bessere Idee des anderen sogar freuen können, denn sein Einkommen hängt nicht von der Annahme oder Ablehnung seiner Idee oder Fähigkeit ab. Auf dem Ideen-Markt würden sich Interessierte um jene Ideen versammeln, die ihnen am meisten zusagen. Es gäbe aber keine Patente, keine Lobbys, und vor allem keine über die Bedürfnisse hinausgehenden Wirtschaftsinteressen, die in dieses Ideenleben eingriffen. Findet eine Idee genügend Interessenten, die sich für ihre Verwirklichung einsetzen wollen, so wird sie umgesetzt – vorausgesetzt, man findet sowohl die Fähigen, welche die Ideen umsetzen wollen, als auch das notwendige Kapital, welches auch einen wichtigen Bestandteil des Geisteslebens darstellt. Hier greift jetzt gewissermaßen die gemeinsame Wirtschafts-Assoziation ein, in welcher Konsumenten, Produzenten und Händler zusammenkommen, um gemeinschaftlich das Wirtschaften zu planen und durchzuführen. Der Konsument, der heute umworben wird und möglichst verführt werden soll, der würde in einem Dreigliederungs-Wirtschaftsleben Repräsentanten haben, die seine Bedürfnisse in einer Art Wirtschafts-Rat vertreten.

Dieser Wirtschaftsrat würde auf die Ideen aus dem Geistesleben reagieren, sofern diese Waren und Dienstleistungen betreffen, und mit dem Geistesleben zusammen nach Möglichkeiten der Verwirklichung suchen. Freiheit im Geistesleben würde zur Verwirklichung der besten Ideen für alle führen und dem Wirtschaftsleben eine allein dienende Rolle zumessen. Die Möglichkeit der privaten Gewinnschöpfung würde vollkommen fehlen, weil der Sinn des Wirtschaftens allein in der adäquaten Versorgung der Bedürftigen liegen würde. Aber dieser Sinn muß dann auch als Antrieb der Mitglieder des sozialen Organismus zur Arbeit fungieren.

Das Geistesleben umfaßt alle Bereiche des geistigen Schaffens, die Wissenschaft, das Lehr- und Lernwesen, Kunst und Religion, aber auch Gesetzgebung und Urteilsfindung von der Ideen-Schöpfung her, und kann bei uns derzeit leider nicht auf die so notwendige Freiheit hoffen.

Brüderlichkeit bzw. allgemeine Menschenliebe

Schauen wir nun auf das dem Geistesleben gegenüberstehende Wirtschaftsleben, so erfahren wir von Rudolf Steiner, daß hier das Ideal der sogenannten Brüderlichkeit gelte. Freilich wird dieser Begriff heute kaum noch verwendet und findet daher wenig Verständnis. Was ist gemeint mit Brüderlichkeit? Der Begriff drückt aus, daß man sich allen Menschen gegenüber so wohlwollend verhält wie gegenüber Brüdern. Brüderlichkeit weist auf ein gerechtes Teilen der Errungenschaften untereinander hin. Für diesen Fall wäre das Gerechte des Teilens der entscheidende Punkt, so z. B. im Falle der Erbschaft, die gerecht unter den Brüdern aufzuteilen sei. Aber wir wissen auch, daß in der Regel der Älteste den Besitz übernahm und die anderen sehen konnten, wo sie blieben. Da blitzt ein Problem auf. Jedenfalls scheint mir das Bruderhafte, besser das Geschwisterliche, nicht bloß eine Art Gleichwertigkeit, Gleichstellung, Gleichberechtigung bei einer hohen Vertrautheit zu bedeuten, sondern vor allem die gegenseitige Rücksichtnahme, die Gesinnung, alle mit ihren Bedürfnissen berücksichtigen zu wollen und vor allem seinen eigenen Beitrag zur Gemeinschaft leisten zu wollen. Ich setze mich, so sehr ich kann, für das Gelingen des sozialen Organismus ein.

Glücklicherweise hat Rudolf Steiner dieses Ideal auch einmal die »allgemeine Menschenliebe« genannt, gemeint ist dabei nicht die angeborene oder instinktive Mutter- oder Blutsliebe, auch nicht die Geschlechtsliebe, sondern die allgemein auf die Menschen gerichtete Hilfsbereitschaft, Selbstlosigkeit, Mitmenschlichkeit. Damit läßt sich dieses hohe Ideal recht gut erkennen. Denn Tatsache ist, daß die genannten Eigenschaften in uns allen oder zumindest in vielen vorhanden sind. Und längst nicht jeder setzt sich hauptsächlich für die eigenen Belange ein. Wie viele sind ständig mit den Problemen anderer befaßt, ohne daraus in besonderem Maße Kapital schlagen zu wollen. Also gibt es sie doch, die Brüderlichkeit, die allgemeine Menschenliebe. Sie wurde nicht von Rudolf Steiner als Ideal erdacht, sondern vorgefunden und erforscht. Liebe sollte im Wirtschaftsleben walten statt der Konkurrenz, die allein dem Geistesleben vorbehalten ist.

An dieser Stelle wird so mancher geneigt sein, abzuwinken und zu sagen, das sei ja nun doch utopisch oder unsinnig, zu glauben, daß Liebe gerade im Wirtschaftsleben seinen Platzt haben soll. Aber Vorsicht, das schnelle Urteil ist hier nicht am Platz. Denn warum wohl geht es in der Welt heute dermaßen kriegerisch, zerstörerisch und moralisch abgründig zu? Nicht zuletzt, weil es nicht möglich war bisher, im Wirtschaftsleben die Liebe als das Ideal anzustreben.

Aber klären wir zunächst den Begriff: Was ist Liebe? Die Antwort fällt den meisten Menschen heute schwer, denn sie verstehen unter Liebe das, was sie gern haben und das, wovon sie meinen, daß andere es gern haben. Aber das ist nicht die Liebe, sondern die Sympathie, die Freude am Sympathischen. Liebe ist das Gefühl, welches die selbstlose Tat begleitet, welches jenen Willen zum Fließen bringt, der sich ohne eigenen Vorteil für andere einsetzen will. Diese Tatkraft, dieser Wille, ist ein ganz besonderer, denn er ist frei, nur von mir, aus meinem erkennenden Ich gewollt. Keine

Naturkraft, kein Trieb oder Instinkt, aber auch keine andere Macht bringt ihn hervor. Ich allein will mich einsetzen für das Bedürfnis anderer. Dieser freie Wille kann nur von dem Gefühl der Liebe hervorgebracht werden. Und dies zu erreichen ist die Bestimmung des heutigen Menschen. Das mache man sich nur sehr nachdrücklich klar. Denn in der Natur existiert keine Freiheit. Alles ist Zwang. Nur dort, wo der Wunsch zur Tat selbstlos ist, kann Freiheit leben. Und das ist gleichzeitig das große Ziel der Menschheitsentwicklung, daß wir mehr und mehr aus freiem Willen handeln, daß wir mehr und mehr das Ideal der Geschwisterlichkeit im Wirtschaftsleben verwirklichen. Die göttliche Kraft, welche den Kosmos schuf, ist Liebe. Und sie gebiert im Menschen den freien Willen zur selbstlosen Tat, welche die Menschen beschenkt.

In einem sehr besonderen Vortrag (GA 182 / Vortrag 6) hat Rudolf Steiner das Ideal des Wirtschaftslebens mit den Worten beschrieben, es sei das Ideal, » …daß niemand Ruhe habe im Genusse von Glück, wenn ein anderer neben ihm unglücklich ist.« Das ist die vollkommen selbstlose Hingabe an die Bedürfnislage des anderen. Dies erfordert ein sehr viel tiefer und weiter ausgeprägtes soziales Interesse und eine tiefer empfundene Moralität.

Die Liebe als Ideal des Wirtschaftslebens wird nachvollziehbar, je mehr man sich klar macht, daß man eigentlich doch gern hilft und Geschenke macht und außerdem begreift, daß der Mensch seine Talente, seine Fähigkeiten nicht für sich selbst verliehen bekommen hat, sondern einzig für die anderen. Und wenn wir genau hinschauen, verfahren wir doch auch danach. Ein Tischler ist doch nicht jemand, der sich selbst die ganze Zeit Möbel baut, ein Lehrer lehrt doch nicht nur sich selbst und ein Schriftsteller oder Journalist schreibt nicht für sich, sondern für andere. Und so kommen wir diesem Ideal immer näher. Das Motiv zur Arbeit muß das Erkennen und Anerkennen der Bedürfnisse der anderen sein. Man erlebt das Bedürfnis des anderen als berechtigt und setzt sich für dessen Befriedigung ein, weil man es nachvollziehen kann. Man ist bereit, sich für die Bedürftigen einzusetzen, weil man sich als zuständig und talentiert zu dieser Tat erkennt und weil man Freude an seinem Tun hat. Man erkennt: Hier ist ein berechtigtes Bedürfnis zu dessen Befriedigung ich mich fähig und aufgerufen fühle und bereit bin, meinen Einsatz hinzuschenken. Obwohl ich meine Leistung und meine Ideen hinschenke, muß die Leistung bzw. die Ware vom Kunden bezahlt werden und zwar in der Höhe der tatsächlichen Kosten, so daß durch die Bezahlung der Leistende wieder in die Lage versetzt wird, die Leistung erneut zu vollbringen bzw. die Ware zu produzieren. Der Preis muß also neben den Hersstellungs- auch die benötigten Lebenshaltungskosten der Produzierenden decken, ohne daß Profit angestrebt wird. Und dabei darf eben nicht der Eindruck entstehen, daß der Preis eine Bezahlung der Arbeit sei. Man versuche sich nur einmal vorzustellen, wie anders unsere Lebensstimmung wäre unter einem solchen Wirtschaftsleben, bei dem alle Taten Geschenke sind! Hier könnte eine unglaubliche Freude entstehen und den heutigen Arbeits-Streß und Arbeits-Frust zumindest zum Teil ersetzen. Soweit zunächst zum Ideal des Wirtschaftsleben.

Gleichwertigkeit

Gewissermaßen das Herz des sozialen Organismus ist das Rechtsleben, welches nach dem Ideal der Gleichheit zu führen ist. Dies scheint zunächst leicht zu verstehen zu sein, entpuppt sich bei näherem Hinsehen doch als ziemlich schwierig. Überhaupt ist der Rechtbegriff noch recht wenig verstanden, so daß Rudolf Steiner es abgelehnt haben soll, einen Vortrags-Zyklus zum Rechtsleben zu halten mit der Begründung, daß die Menschen noch nicht weit genug entwickelt seien, das Recht als solches zu begreifen. Und in der Tat ist es problematisch, den Rechtsbegriff wirklich zu erfassen. Um ihn zu beschreiben, könnte man vielleicht sagen: Recht ist dasjenige, was gleichermaßen für alle Menschen eines bestimmten sozialen Organismus gilt, worinnen alle gleich sind. Dafür zu sorgen, daß die Gleichwertigkeit berücksichtigt wird, ist die Aufgabe des Rechtslebens. Aber wo findet sich diese Gleichheit? Grundsätzlich kann man sagen, sind alle Menschen bedürftige Wesen und haben das Recht, ihren Bedürfnissen entsprechend zu leben. Die Bedürftigkeit ist schon bei allen gleichermaßen vorhanden – nicht gleich sind dabei die Bedürfnisse selbst, sondern nur die Tatsache der Bedürftigkeit ist allen gleichermaßen gegeben. Das Recht, seinen berechtigten Bedürfnissen gemäß leben zu können, ist dem Menschen von Natur aus gegeben. Dies für jeden durchzusetzen und zu schützen, beschreibt noch einmal die Aufgabe des Rechtslebens. Insofern braucht uns dieses Recht nicht unbedingt schriftlich garantiert zu werden, denn es besteht von Natur aus und jeder weiß es im Grunde. Aber hier liegt der Punkt des Unverständnisses gegenüber dem Recht. Man verwechselt Recht mit Gesetz und versteht nicht, daß jeder Versuch, das Recht selbst zu verhandeln nur die Absicht haben kann, den Rechtsbruch zu legitimieren. Den Umgang mit dem Recht kann man Reglungen unterwerfen, nicht aber das Recht selbst. Weil das Recht kaum verstanden wird, wird auch das Unrecht so wenig erkannt. Wenn jemand arbeits- oder obdachlos wird, so ist das zunächst einmal ein Unrecht. Denn man gewährt dem Betreffenden nicht, seinen berechtigten Bedürfnissen entsprechend zu leben. Jeder Arbeitsfähige muß zu seinem eigenen Wohl unbedingt arbeiten, sich also in den sozialen Organismus einbringen. Und genauso muß jeder eine Möglichkeit zum Wohnen haben, wenn er gesund bleiben soll. Das gilt für alle Bereiche des Daseins und kann nicht verhandelt, eingeschränkt oder entzogen werden. Wie erwähnt, kann lediglich der Umgang mit dem Recht gesetzlich geregelt werden.

Doch die inzwischen endlos differenzierte und spezialisierte Auslegung des Naturrechtes hat nach römischem Vorbild die im Naturrecht vorhandene Gleichheit durch Vorrechte korrumpiert. Gewisse Menschen und Gruppen von Menschen genießen Vorrechte gegenüber anderen. Und die heutigen gerichtlichen Auseinandersetzungen suchen oftmals das Unrecht als Recht zu deklarieren. Ganze Heere von Anwälten arbeiten daran, daß Unrecht ihrer Mandanten als mit dem Recht vereinbar zu erklären. Aber das kann nicht die Aufgabe eines wahren Rechtslebens sein. Und es bedürfte nicht vieler Gesetze, um dies in einer Gemeinschaft zu verankern, denn wichtiger als jedes Gesetz wäre es, eine produktive Moralität auszubilden, unter deren Verwendung man überhaupt erst sich berechtigt fühlen würde, in den sozialen Organismus einzugreifen. Die Ausbildung einer produktiven Moralität wird durch Vorschriften und Gesetze be- oder verhindert.

Steiner wollte keinen Vortrag über das Rechts-leben halten, weil er wusste dass die Menschen noch nicht so weit sind, seine Ausführungen zu verstehen

Ein anderes Beispiel für die Gleichheit lebt im demokratischen Prozeß, der eben nur dort seine Berechtigung hat, wo die genannte Gleichheit gegeben ist. Gleichwertigkeit ist Demokratie. Es darf nur demokratisch abgestimmt werden, wo man davon ausgehen kann, daß alle Abstimmenden den gleichen Erkenntnisstand bezüglich des Abstimmungsobjektes inne haben. Man kann nicht abstimmen in einem Konsortium von Menschen, deren Kenntnisstand ungleich ist. Und daran kann man schon die Problematik heutiger Parlamente, Volksabstimmungen und Wahlen erkennen. Wann sind die Kenntnisstände der Abstimmenden gleichartig? Nun, ich glaube, da müßte man lange suchen. Aber jedem wird klar sein, daß Demokratie nur unter Gleichwertigen einen Sinn hat. Können wir unter diesen Voraussetzungen unser System eine Demokratie nennen? Wohl kaum.

... *das Recht seinen Bedürfnissen gemäße leben zu können*

... *das Recht selbst ist keinen Regelungen unterworfen*

... *Produktive Moralität auszubilden ist wichtiger als jedes Gesetz*

... *Die Ausbildung einer produktiven Moralität wird durch Gesetze und Vorschriften be- oder verhindert*

Im Jurastudium wird der Frage nach dem Recht an sich nicht nachgegangen ...

5. Das unverstandene Recht

Da der heutige Mensch sehr intensiv im Erleben des Wirtschaftslebens darinnen steht und die bisherigen Ausführungen den Geist schon recht ausführlich behandelt haben, scheint mir wichtig, das Rechtsleben noch etwas tiefergehend zu untersuchen. Ich hoffe, damit dem von Rudolf Steiner vermißten Rechtsverständnis zumindest ein wenig näher zu kommen.

Gewöhnlich wird das Recht als aus Absprachen bestehend verstanden, welche das soziale Geschehen regeln sollen und in Form von Gesetzen festgeschrieben worden sind. Auf diese Weise würde geregelt, was der Einzelne von der Gemeinschaft erwarten kann und was diese von ihm dafür verlangt. Das Recht regele das Geben und Nehmen, so würden die meisten es wohl ausdrücken wollen. Und gewiß beschreibt das die heutige Rechtspraxis, die aber – wie erwähnt – hauptsächlich den Umgang mit dem eigentlichen Recht zu definieren sucht. Wie mir Juristen bestätigten, wurde während ihres Studiums der Frage nach dem Recht an sich nicht nachgegangen. Man war stattdessen konzentriert auf das Kennenlernen der Gesetze. Wollte man das Recht anschauen, so müßte man auf jenes Unsichtbare blicken, nach dem die Gesetze gebildet werden, aber das scheint im Jurastudium nicht zur Debatte zu stehen. Wenn also behauptet wird, daß es sich um Absprachen zwischen Menschen handelt, trifft dies nicht auf das Recht, sondern lediglich auf die Gesetze, auf den Umgang mit dem Recht zu. Das Recht selbst läßt sich – wie im Vorhergehenden ausgeführt – nur sehr allgemein beschreiben und gehört zum Menschen wie Augen, Ohren und Hände. Es tritt zutage, sobald Menschen aufeinandertreffen und besteht darin, sich den natürlichen menschlichen Bedürfnissen (Nehmen und Geben) entsprechend in der Gemeinschaft verhalten zu dürfen, mit der folgenden Einschränkung: Es darf die Ausübung des Rechts, das heißt das Verhalten bzw. das Handeln zur Befriedigung der als berechtigt anzusehenden eigenen Bedürfnisse (Versorgung und Beitrag) nicht die anderen Mitglieder der Gemeinschaft bei der Befriedung ihrer berechtigten Bedürfnisse einschränken oder behindern. Kreuzen sich aber gleichwertige Bedürfnisse oder Ansinnen, so werden Absprachen notwen-

Das lebendige Gewissen verliert seinen Sinn ...

dig. Und darin liegt das eigentliche Problem des Sozialen. Diese zunächst simpel erscheinende Tatsache macht Verhandlungen notwendig bis hin zur Abstimmung über Gesetzesentwürfe durch das Parlament, wo dann eine Mehrheit über den Umgang mit dem Recht entscheidet. Man schreibt idealerweise den Konsens der Gemeinschaft zur Regelung wiederkehrender Konflikte für alle Mitglieder der Gemeinschaft bindend fest. Soweit die heile Welt, die es ja neben der viel stärkeren anderen Welt durchaus auch noch gibt. In der Regel aber dienen Rechtsvorschriften nicht einfach dem Volk, sondern bestimmten Interessengruppen, wie Wirtschaftsunternehmen, Branchen, Parteien, NGOs etc., so daß von einem Konsens nicht gesprochen werden kann. Hier beginnt nun das weite Feld der Vorrechte, die es per Definition gar nicht geben sollte.

Das Recht selbst kann niemand gewähren oder verwehren, ohne dasselbe zu verletzen, denn jeder Mensch hat es. Jegliche Art der Festschreibung läßt Dämonen entstehen, allein durch den Versuch, etwas Lebendiges erstarren zu machen. Die Dämonen machen sich dann selbständig und führen zu extrem abgelegenen Auslegungen, die den eigentlichen Sinn des Gesetzes aus dem Blick verlieren, ja, oftmals sogar umkehren. Gesetze, die das Recht zu definieren suchen, erschlagen es in Wirklichkeit. Sie sind Mumien des Rechtes und verhindern die Ausbildung eines lebendigen Gerechtigkeitsempfindens im Menschen. Man bedenke, daß Gerechtigkeit nicht einfach gedacht werden kann, sondern sie muß empfunden werden. Das Rechtsempfinden hat zwar eine allgemeine Grundlage, tritt aber in jeder Persönlichkeit in individueller Ausprägung auf. Deshalb sollte man dringend davon absehen, festlegen zu wollen, was im Einzelfall gerecht ist und was nicht, denn kategorisch verbrieftes Recht und auferlegte Pflichten gelten für jeden gleichermaßen, ohne auf seine individuelle Bedürfnislage und Befähigungen Rücksicht zu nehmen und schalten die persönliche Gerechtigkeits-Ermittlung aus. Das lebendige Gewissen verliert seinen Sinn. Der Mensch kann nicht üben, moralisch zu leben und stumpft ab.

Den Versuch, das Allgemeine des Rechts festzuschreiben, finden wir z. B. im Grundgesetz Deutschlands, welches unter anderem besagt, daß die Würde des Menschen unantastbar sei. Das ist ein Satz, den – nach meiner Erfahrung – fast niemand versteht, den aber die meisten als sehr wichtig

39

empfinden. Da müssen wir also der Frage nachgehen, was hier als unantastbar bezeichnet wird. Doch bevor wir den Begriff der Würde analysieren, möchte ich den folgenden Vorschlag unterbreiten: Wenn wir nämlich den Begriff »Würde« durch »Recht« ersetzten, lautete der Satz: »Das Recht des Menschen, seinen berechtigten Bedürfnissen entsprechend zu leben, ist unantastbar.« Dann bekämen wir einen bestens nachzuvollziehenden Satz heraus, der alle Menschen befreien würde. Aus ihm könnte ein sehr viel effizienteres Rechtsverständnis entstehen, durch welches ein wahres Rechtsleben im Sinne der Gleichheit denkbar würde. Viel mehr als dieser Satz müßte dann auch nicht im Gesetzbuch drinnenstehen als Beschreibung des Rechts. Anders ist es mit den Vereinbarungen zum Umgang mit dem Recht, hier einigt man sich demokratisch, z. B. auf die Straßenseite auf der gefahren wird und was die Farben der Verkehrsampeln bedeuten etc., wie dies der heutigen Rechtspraxis entspricht. Abgesehen von diesen rein sachlichen nützlichen Absprachen sind Gesetze eher als ein Relikt aus alter Zeit anzusehen, das jetzt durch ein lebendiges, schöpferisches Gerechtigkeits-Leben ersetzt werden muß, wenn die Entwicklung ihr Ziel erreichen soll. Heute sollte jeder sein eigener »Gesetzgeber« sein, wozu eine hohe moralische Reife die Voraussetzung ist. Diese jedoch kann nicht entstehen, solange man den moralischen Sinn des Menschen durch Gesetze korrumpiert.

Das Menschsein macht erforderlich, sich lebenserhaltend und lebensfördernd in der Gemeinschaft zu betätigen. Wer dies anderen einseitig einschränkt oder unmöglich macht, begeht Unrecht. Es muß daher eine Abstimmung unter Gleichen stattfinden. Ursprünglich war diese Abstimmung durch soziale Instinkte geregelt. In jenen sehr alten Zeiten handelten die Menschen in den verschiedenen Lebenssituationen weitgehend unbewußt nach gewissen Gesetzen ihrer Natur, die für ein auskömmliches Miteinander sorgten. Doch die sozialen Instinkte begannen bereits lange bevor die neue Zeitrechnung begann zugunsten der Verselbständigung des Menschen zu erlöschen. Denn der Plan bezüglich des Menschen war, mit ihm ein Wesen zu schaffen, welches selbst ermitteln kann, welches im sozialen Umgang das angemessene Verhalten ist. Die Verhaltens-Automatik der gottgegebenen menschlichen Natur sollte durch den erkennenden und

Schiller's „Bürgschaft" lesen

frei wollenden Menschen ersetzt werden. Doch bevor dieses hehre Ziel erreicht werden konnte, war zunächst erforderlich, die Menschen wegen der verfallenen Instinkte über Bestimmungen und Gesetze – von göttlicher Seite ausgehend – zu führen. Und das geschah im hebräischen Volk durch den Eingeweihten Moses. Er empfing von dem Gott der Hebräer, dem Jahve, insgesamt sechshundertdreizehn Gebote, von denen zehn in die Bibel aufgenommen wurden. Dieses Gesetz war und ist noch heute der Kern der jüdischen Religion und bildete die Grundlage für den auf Gesetzen basierenden römischen Staat, durch welchen das Gesetzes-Wesen mehr oder weniger gewaltsam in die damals bekannte Welt getragen wurde. Die wenig zivilisierte keltische Urbevölkerung Europas und die wilden germanischen sowie slavischen Stämme wurden durch Eroberung unter römisches Recht gestellt und christianisiert, ohne daß ein höheres Rechtsbewußtsein entstehen konnte. Hier galt das Recht des Stärkeren, nur daß dies jetzt nicht mehr aus den Instinkten, sondern aus abstrakten Gesetzen hervorging. Das höhere Rechtsbewußtsein wurde erst durch den Christus-Impuls mit Beginn der Entwicklung der Bewußtseinsseele durch die Menschen im Jahre 1413 möglich. Sichtbar wird dieser neue Sinn z. B. bei den Deutschen Idealisten – besonders bei Schiller. Schillers »Bürgschaft« beispielsweise zeigt, wie Schillers moralischer Sinn produktiv tätig ist und jedes starre Rechts- bzw. Gesetzes-System zu ersetzen vermag. Was Schiller hier vorführt, muß die Zukunft des Rechtslebens werden, wenn die Menschheit gelingen soll.

Die heutige Rechtspraxis findet sich in endloser Zersplitterung der Rechtsvorschriften wieder, so daß heute ein Anwalt sich spezialisieren muß auf gewisse Bereiche oder Themen, um kompetent seine Mandanten vertreten zu können. Politische oder wirtschaftliche Verträge umfassen nicht selten bis zu tausend Din-A4-Seiten. Welcher Mensch will das noch überblicken? Zudem sieht man sich heute einer Unzahl von Rechtsbrüchen gegenüber, so daß berechtigte Zweifel an der Wirksamkeit dieses Rechtslebens aufkommen. Könnte es vielleicht sein, daß jenes Übermaß an Uneinigkeit, Streit, Zerwürfnis, Lüge, Betrug und Diebstahl, Erpressung, Terror und Krieg in der Welt auch auf die Tatsache zurückzuführen ist, daß ein falsches Rechtsverständnis als alternativlos unseren Gemeinschaften zugrundegelegt wurde?

Zumindest beschreibt dies nach meinem Dafürhalten einen der Gründe für die mißlichen Zustände. Zu den anderen kommen wir später. Würde man einen sozialen Organismus nach den Angaben Rudolf Steiners einrichten und betreiben können, so würden sich in diesem kaum noch Anreize für die vorgenannten Rechtsbrüche ergeben. Und nicht zu vergessen: dadurch, und durch die bewußte Teilnahme an einer nach der Dreigliederung eingerichteten Gemeinschaft, wäre der moralische Sinn der einzelnen Mitglieder ständig in Benutzung, würde wenig versucht aber ständig geübt und geprüft. Denn anders als im heutigen Gemeinwesen zahlte sich das Bessersein, Stärkersein, Mächtigersein nicht mehr durch die Möglichkeit, Reichtum oder Macht über andere zu erwerben, aus. Ein Sich-Erheben über andere wäre nicht mehr möglich. Zum Leben bekommt jeder, was er braucht, aber eben nicht als Gegenleistung für seine Arbeit. Dadurch schwindet die Möglichkeit, Abhängigkeiten zu schaffen, wie heute im Erwerbsleben, wo das Einkommen an die Arbeitsleistung gekoppelt ist.

Unter diesen und einigen anderen Voraussetzungen würde es eine Selbstverständlichkeit sein, daß man seinen Mitmenschen nicht verwehrt, sich ihren Bedürfnissen entsprechend verhalten zu können. Das ist ja bereits heute schon gegeben, bei jenen Menschen, die eines guten Willens sind. Deshalb sehe ich die Dreigliederung auch nicht als eine Utopie an. Wenn man uns nur ließe, könnten wir dies heute schon verwirklichen.

6. Paulus: »Das Unrecht ist in die Welt gekommen durch das Gesetz«

Wie bereits erwähnt, brachte es die Menschheitsentwicklung mit sich, daß dem alten hebräischen Volk die sozialen Instinkte verlorengingen, die bis dahin das Miteinander geregelt hatten. Der Tanz um das Goldene Kalb ist das biblische Synonym für das Ausufern der Triebe und Begierden in ein zügelloses Leben, das Zerfall und Zerstörung nach sich ziehen würde. Um dem Einhalt zu gebieten, übertrug der Gott Jahve dem großen Eingeweihten, Moses, jene insgesamt sechshundertdreizehn Regeln und Gebote. Es entsprach dem Entwicklungsstand der damaligen Menschen, moralisch-soziale Vorschriften als Ersatz für die versiegenden Instinkte zu erhalten, nach welchen sie sich unbedingt richten mußten, damit Zerfall und Entartung vermieden wurden. Von jener Zeit an befragten die Menschen über ihr Gedächtnis das Gesetz und handelten idealerweise erst, wenn sie die relevanten Vorschriften gefunden hatten. In schwierigen Fällen suchte man dazu die zuständigen Schriftgelehrten, die Gottes-Rechts-Gelehrten, die Rabbiner auf, die das Gesetz und seine Anwendung besser kannten. Im Zweifelsfalle befragten diese die Ahnen wie z. B. Abraham und Moses und erhielten über ihre Brustplatten und die Bundeslade, welche wohl als spirituelle Kult-Werkzeuge anzusehen sind, Antwort. Sie erhielten auf spirituell-mechanische Weise Botschaften aus dem Geistigen.

Zu jener frühen Zeit waren die Menschen noch nicht in der Lage, durch eigenes Denken selbst herauszufinden, wie man sich sozial gerecht und passend zu verhalten hätte. Dies mußte über das göttliche Gesetz durch die Hilfe der Priester geschehen und markiert den bedeutsamen Beginn des abstrakten Denkens. Deshalb hatten in vorchristlicher Zeit die unanzweifelbaren religiösen Dogmen ihre volle Berechtigung. Dies gilt ebenso für die späteren kirchlichen Dogmen, die laut Rudolf Steiner erst vom 15. Jahrhundert an ihre Gültigkeit verloren. Leider hat die Kirche – wie in zahlreichen anderen Fällen auch – versäumt, der Entwicklung Rechnung zu tragen und ihre Gläubigen aufgefordert, selbst sich zu bemühen, herauszufinden, welches das jeweils angemessene Verhalten sei. Denn es wurde aus dem hebräisch religiösen Gesetz im römischen Reich die Staatsform, das in Gestalt von Gesetzen festgelegte Recht. Jetzt waren die göttlichen Gesetze zwar noch zugrundeliegend, aber mehr und mehr floß in die Festlegung der staatlichen Gesetze der Egoismus der Gesetzgeber ein. Man begann durch Gesetze zu schützen, was die Interessen der Herrscher förderte. Die Cäsaren verstanden sich als Götter und fanden dies in der Fähigkeit, Gesetze zu erdenken und zu erlassen, bestätigt. Sie sahen sich als Nachfolger Jahves. Nicht völlig zu unrecht, denn die alte Form der Menschenführung durch den von außen über König, Priester und Richter auf das Volk einwirkenden Gott war durch das Christus-Geschehen völlig verändert worden. Es fand gewissermaßen eine Umstülpung statt. Der Christus verlegte seine göttlichen Führungs-Instrumente in jede Menschenseele hinein, so daß ein jeder Mensch veranlagt wurde, sich selbst zu führen. Jeder war nun zum König, Priester und Richter berufen. Das Mysterium von Golgatha bedeutet: Der alte Mensch starb am Kreuz, der neue Mensch erstand der Veranlagung nach auf. Jeder wurde veranlagt, in der Zukunft nicht mehr durch einen König geführt werden zu müssen, sondern selbst ein Souverän, ein freier Mensch, ein König zu sein und ebenso ein Priester, ein Heiliger, ein Eingeweihter zu werden und nicht mehr der Führung durch solcherart Menschen zu bedürfen. Das ist natürlich keine Entschuldigung für die Hybris der Cäsaren, sondern ein Grund zu demütiger Bescheidenheit: Man entdeckt den Christus in sich. Der Sohnes-Gott oder Logos, den man nach seiner Auferstehung den Christus nannte, opferte sich für die Menschheit und gab ihr von seiner Rechtfähigkeit, seinem Gerechtigkeitssinn, seiner produktiven Moralität. Von jener Zeit an wartet diese Fähigkeit in der Seele eines jeden von uns darauf, zur Ausbildung einer produktiven Moralität zu kommen. Das würde bedeuten, daß man sich gerade nicht nach dem Gesetz richtet, sondern jeden Einzelfall individuell betrachtet und zu lösen versucht. Man sucht festzustellen, was vorliegt und fragt sich, was das allen Beteiligten angemessene Verhalten wäre. Man geht schöpferisch an die Sache heran und stützt sich nicht auf Vorschriften und Erfahrungen. Man wendet seine moralische Phantasie an und erwartet moralische

Intuitionen. Denn das sture Verhalten nach Gesetzen kann niemals den vorliegenden Fällen gerecht werden, sondern immer nur einen schlechten Durchschnitt erzielen. Kaum ein Einzelfall kann exakt nach Regeln oder Gesetzen wirklich befriedigend gelöst werden. Im Gegenteil, in ganz vielen Fällen entsteht durch festgelegte Gesetze neue Ungerechtigkeit. Der biblische Paulus hatte erkannt, was die Mission des Christus war und prägte daher den folgenden und andere ähnliche Sätze: »Das Unrecht ist in die Welt gekommen durch das Gesetz!« Diese Bemerkung ist in höchstem Maße erstaunlich, denn sie konnte den weltlich ausgerichteten Kirchenleuten nicht gefallen. Aber der Christus hatte ja vor, den Menschen zu einem besonderen Wesen im Kosmos zu entwickeln, zu einem Wesen, was es bis dahin noch nicht gab, zu einem Wesen mit freiem Willen. Die Hierarchien der Engel, Erzengel, Archai, bis hinauf zu den Seraphim, die allesamt zu den Wesen des Mikrokosmos (Sonnensystem) gehören, verfügen nicht über einen freien Willen. Ihr Wille ist der der Schöpfung, was der Schöpfer an Willen in die Erscheinungen gelegt hat, ist ihnen Gesetz. Ihr Wille ist Gottes Wille. Was der Christus in uns legte, war der Keim zur Ausbildung eines freien Ich-Willens. Aber wann ist der Wille frei?

7. Der freie Wille

Zunächst gilt es, zu verstehen, daß der Wille des Menschen eine geistige Kraft ist, die nicht äußerlich gemessen werden kann und von daher für die Wissenschaft nicht existiert, die aber die eigentliche Tatkraft des Menschen darstellt. Ohne Wille ist keine Körperbewegung und nicht einmal eine Denkbewegung möglich. Durch den Willen greift der Mensch in die Welt ein. Dabei sind zwei verschiedene Quellen des Willens im Menschen zu unterscheiden. Da findet sich zunächst, was wir den Trieb nennen, die Begierde, den Instinkt. Diese zusammengefaßt kann man als Naturwillen im Menschen bezeichnen, ein Verhaltens- und Bewegungs-Programm, das dem Menschen angeboren ist, aus dem Unbewußten heraus wirkt und die Aufgabe hat, ihn gesund und komfortabel am Leben zu erhalten. Dieser Wille findet sich auch in den Tieren. Was diese wahrnehmend vorfinden, löst ein mitgebrachtes Verhaltensmuster aus, welches sich dynamisch an die jeweiligen Umstände anzupassen versteht.

Dem Naturwillen gegenüber findet sich im Menschen aber der alles entscheidende bewußte Ich-Wille, der aus Erkenntnis ein bewußt gewähltes Verhalten will, das er durch den Leib, das heißt durch Taten zur Ausführung bringt. Mit diesem aus der Erkenntnis des Faktischen resultierenden Ich-Willen hat der Mensch die Möglichkeit, dem stets aktiven Naturwillen zu widersprechen. Darin liegt schon eine gewisse Freiheit. Sobald der Mensch die Gründe für sein Tun durchschaut, ist er selbst verantwortlich für seine Taten. Alles instinktive, unbewußte Verhalten des Menschen ist das Wirken der Natur. Erkennt aber der Mensch seine Beweggründe, dann ist er es selbst, der will. Man muß allerdings immer berücksichtigen, daß in vielen Fällen zwar die Natur in uns wirkt, wie z. B. beim Hunger, der den Willen zu Nahrungsaufnahme mit sich führt, daß aber die Natur nicht allein wirkt, weil der Mensch den Hunger ja bemerkt und sich mit dem Naturwillen einverstanden erklärt und es insofern auch selbst will. Es treibt ihn der Hunger, aber er will dem auch gern nachkommen und das vielleicht auf spezielle Weise. Er möchte asiatisch Essen gehen. In all dem liegt ein gewisser Anteil Freiheit. Auch wenn das asiatisch Essengehen durch einen unfreiwilligen Hunger ausgelöst wurde, so kann es doch der freie Wille sein, der die Durchführung der Angelegenheit steuert. Vollkommen frei ist der Wille nur dann, wenn der Mensch zur Selbstlosigkeit kommt, wenn er seinen Willen auf fremde Bedürfnisse, auf Angelegenheiten des Nicht-Ich richtet und diese zu befriedigen hilft. Zu solchen Taten ist man durchaus fähig und in der Regel auch gern bereit. Manche Leute haben sogar ein Helfer-Syndrom, wobei dies nicht gerade ein sicheres Zeichen für Selbstlosigkeit ist. Denn die bloße Hilfe anderer ist noch kein sicheres Zeichen für Selbstlosigkeit. Man kann auch ganz selbstisch einen guten Ruf, eine Gewissensberuhigung oder eine sonstige Wichtigtuerei durch scheinbar selbstlose Taten anstreben. Man schaue daher mehr auf das weniger Wichtige im Alltag und man wird finden, daß viele Menschen gern bereit sind, zu helfen, ohne Hintergedanken zu hegen. Der Wille, der solche Taten ermöglicht, ist dann ein völlig freier, wenn die Tat bewußt und nicht aus Gewohnheit erfolgt. Das ist das große Ziel der Menschheitsentwicklung, daß der Mensch seinen Tatwillen selbstlos für die anderen einsetzt. Und hier im Bereich des Moralischen liegt die viel ersehnte Freiheit des Menschen. Allein der nicht durch eigene Bedürfnisse bedingte Wille ist frei.

[handwritten note at top: Verknappung lebensnotwendiger Produkte bewirken Streit, Haß, Gewalt.]

8. Streit, Haß, Gewalt

[handwritten: Warum kommt es immer wieder zur Verknappung?]

Solange Verhältnisse herrschen, die lebensnotwendige Produkte und Bedingungen verknappen lassen, werden Streit, Haß und Gewalt die Folgen sein können. Das ist noch kein Beweis dafür, daß der Mensch von seinem Wesen her grundsätzlich schlecht ist, sondern zu untersuchen ist, weshalb es immer wieder zu der Verknappung kommt. Dies werden wir an anderer Stelle untersuchen.

Fragen wir erst einmal nach dem Begriff des Streites.

Was ist Streit?

In einem solchen Falle kreuzen sich die Wollungen mehrerer Menschen. Die Wollung des anderen steht der meinigen im Weg. Der andere ist aber genau wie ich der Auffassung, daß seine Wollung Vorrang vor der meinigen hätte. Das heißt, er maßt sich das Recht vorrangig zu gewähren an, und ich tue dasselbe. Würde einer von uns erkennen, daß die Anliegen des Anderen aus nachvollziehbaren Gründen Vorrang haben, würde er nachgeben und von seinem Vorhaben ablassen bzw. dieses entsprechend an die Situation anpassen. Tritt aber – aus welchen Gründen auch immer – ein solches Erkennen nicht ein, so kocht bei beiden der Wille gewissermaßen über und sucht den anderen zu verdrängen. Es beginnt ein Streit. Streit ist also ein Kampf der Selbstbehauptung. Es geht um den moralischen Wert sich überkreuzender Wollungen, um das Maß oder den Wert der Berechtigung widerstreitender Anliegen oder bei rein gedanklichen Auseinandersetzungen um den Wahrheitswert divergierender oder konkurrierender Gedanken, um die Durchsetzung eigener Ideen gegenüber denen anderer. Die Frage ist, läßt sich in dieser Sache Objektives ermitteln oder wird die Durchsetzungskraft der Kontrahenten den Streit entscheiden müssen? Sehr häufig erleben wir, daß der Streitende die Konkurrenz aus dem Wege schaffen möchte, weil der glaubt, aus der Sache heraus dazu berechtigt zu sein. Anders ist es im Falle von **Haß**.

[handwritten: Streit = Kampf der Selbstbehauptung.]

Während es beim Streit meist um Sachliches geht, ist Haß persönlich, er richtet sich auf konkrete Menschen oder Einrichtungen. Es tritt der Wille auf, gegen den Kontrahenten vorzugehen, um ihn an seinem Tun zu hindern, ihn gegebenenfalls zu schädigen, um selbst gewähren zu können. Ich erkenne die Situation, beziehe sie auf meine Interessenlage und erhalte das Gefühl des Hasses. Liebe und Haß sind Gefühle, sind Resultate des Selbstbezuges des Erkannten von kraß entgegengesetztem Inhalt. Haß ist mehr als Antipathie, er zielt letztlich auf die Zerstörung des anderen Daseins. Liebe dagegen macht den Liebenden frei, weil er sich für Anderes einsetzen will. Haß ist unfrei, weil Selbsterhaltungstrieb und Egoismus den Wollungen des Kontrahenten die Berechtigung absprechen und gewaltsam gegen diese vorgehen wollen. Dies kann sich dann bis zum Mord steigern.

Nun hat aber der Mensch die Möglichkeit, gegen Gefühle wie Haß und Liebe durch seinen Ich-Willen vorzugehen. Man kann sich das Aufkommen von Haß verbieten, man kann sich zu Milde und Gewaltlosigkeit erziehen. Man kann sich bemühen, eine friedfertige Gesinnung auszubilden. Das ist grundsätzlich möglich. Wie weit dies gelingt, ist eine andere Frage. Man kann sich aber ebenso zur Nüchternheit, zur Zweckmäßigkeit gegenüber dem Gefühl der Liebe erziehen. Und das geschieht vielfach durch die heutige Berufstätigkeit, daß man seinen natürlichen Enthusiasmus, seine Hilfsbereitschaft durch den Gedanken der Zweckmäßigkeit und Wirtschaftlichkeit abstumpft oder gar ersetzt. Und da wird deutlich, daß eine bestimmte Erziehung und Selbsterziehung notwendig sind, um den Haß einzudämmen und die Liebe zu fördern. Doch das kann heute in der westlich geprägten Welt nicht wirklich umgesetzt werden.

Die heutige weitgehend konzeptlose Erziehung arbeitet noch immer mit Belohnung und Entzug, weil das Prinzip der Bezahlung der Arbeit in allen Bereichen herrscht und die Menschen prägt. Natürlich stehen die Kinder in der Regel nicht in einem Lohnverhältnis zu ihren Eltern, aber es tendiert doch vieles in diese Richtung. Schließlich wurden die Eltern in diesen Verhältnissen erzogen und sie beziehen ihr Einkommen in der Regel als eine Art Belohnung dafür, daß sie sich dem Willen des Geld- und Arbeitgebers bzw. des Kunden untergeordnet haben. Unter diesen Verhältnissen liegt es nahe, daß man die Durchsetzung seines Willens gegenüber den

Kindern versucht ist, durch Belohnungen zu erkaufen. Das sollte man tunlichst vermeiden, denn das korrumpiert Liebe und Einsicht nicht nur bei den Kindern. Hier ist ein ganz neues Verstehen erforderlich. Der ganze herkömmliche Antrieb muß erneuert werden. Kinder haben schon noch natürliche Anlagen, die in die richtige Richtung weisen, doch die Eltern und sonstigen das Kind Umgebenden sind in der Regel absolut untauglich geprägt und vernichten wohlmeinend die wertvollsten Anlagen der Kinder. Ich habe es immer wieder erlebt, wie etwa zweijährige Kinder das, was man ihnen geschenkt hatte, nach einer Weile zu den Schenkenden zurücktrugen und es ihm lächelnd übergaben. Und anstatt das Überreichte freudig in Empfang zu nehmen, wurde dann etwas enttäuscht gesagt: »Aber das ist doch deines. Hier, nimm es, es ist deines« usw. Wollte sagen: Das habe ich doch extra für Dich geopfert, damit Du es stolz besitzen kannst. Sie vermißten ein wenig die egoistische Freude, etwas zu besitzen. Natürlich kann man das alles verstehen, aber es ist doch eben die falsche Reaktion. Der Zeitpunkt wird schon kommen, wenn das Kind sein Ego entdeckt und auszubilden beginnt, was ja auch sehr wichtig ist. Aber gerade in diesem Zusammenhang muß gelernt werden, den Antrieb zum Handeln nicht allein auf das Ego, auf den Selbsterhaltungstrieb zu basieren. Alles Handeln muß auf Interesse basiert werden und dieses Interesse muß sich auch auf die Bedürfnisse der Mitmenschen erstrecken. Man wird leicht erleben können, wie gern Kinder helfen wollen. Das kann zeitweilig auch recht anstrengend für die Erwachsenen werden und da muß man schon versuchen, den Hilfswillen in vertretbare Bahnen zu lenken. Aber es darf gerade hier nichts im Wege stehen, was den Willen und die Begeisterung hemmt. Und wie oft müssen es die Kinder erleben, daß die Erwachsenen dann mit einem gekonnten Handgriff den umständlichen und verqueren Plan der Kinder zerstören. Ja, so muß man es machen, gewiß, das sollen die Kinder lernen, aber erst einmal geht es nicht um nützliche Taten, sondern um die Ausbildung des durch Interesse impulsierten hilfsbereiten Willens. Der darf nicht abgewürgt werden durch die besserwissenden, besserkönnenden Eltern etc. Die Kinder werden schon von allein bemerken, was hilft und was nicht – wenn es dran ist.

Weil das Berufsprinzip an die wirtschaftliche Abhängigkeit gekoppelt

Geldsystem = ahrimanisches Prinzip

ist und die Versorgung ständig in Gefahr steht, ausgesetzt oder herabgemindert zu werden, lebt darin – wenn auch ein wenig verborgen – der Haß, und nicht, wie sollte, die Liebe. Jeder Lohnempfänger ist prinzipiell gezwungen, das zu arbeiten, was ihm befohlen wird. Beugt er sich dem nicht, so wird er schlimmstenfalls auf ein unakzeptables Minimum seiner Bedürfnisse herabgesetzt und gesellschaftlich geächtet. Je geschickter, aber auch skrupelloser dagegen er sich dem unterordnet, desto höher fällt seine Be- bzw. Entlohnung aus und setzt ihn übertriebenen Begehrlichkeiten aus. Er ordnet sich dem Prinzip des reinen Profitstrebens unter und steht in Gefahr, arrogant, rücksichtslos, raffgierig, genußsüchtig usw. zu werden. Die heutige Verwendung des Geldes ist ein ahrimanisches Prinzip, aufgebaut auf Haß. Und diesem Prinzip wiederum dient fast alle Ausbildung und Erziehung. Also regiert auch diesen Bereich zu einem großen Teil der Haß bzw. dessen Herr, Ahriman. Ich weiß, daß dieser Gedanke ungewohnt ist und niemanden erfreuen kann. Man wird gewiß allerlei Ausnahmen finden, doch führt kein Weg daran vorbei, konstatieren zu müssen, daß heute noch immer das Recht auf der Seite des Stärkeren waltet anstatt daß Wahrheit, Gerechtigkeit und vor allem Angemessenheit die Verhältnisse regeln würden. Haß regiert die Welt. Man mache sich nur klar, wie anders das Leben sein könnte, würde man Liebe zum treibende Prinzip erheben.

Verwandt mit dem Begriff des Hasses ist die **Gewalt**. Bei ihrer Anwendung ist das Vorgehen des Menschen ein zwingendes, durch welches in das Daseiende verändernd eingegriffen wird. Jeder Hammerschlag, Spatenstich, Axthieb geschieht unter Anwendung von Gewalt. Bei allen leblosen Materialien empfindet man dies nicht grundsätzlich als unzulässig, sondern eher als notwendig, doch spätestens wenn lebende Wesen – besonders Menschen – betroffen sind, kommt Moralisches ins Spiel. Unter Anwendung von Gewalt werden Objekte unfreiwillig beeinflußt und verändert. Dies kann außerordentlich segensreich und notwendig für das Dasein der Menschen geschehen. Gewalt ist also nicht prinzipiell etwas zu Verachtendes, Unberechtigtes, Böses sondern ist zunächst als neutral anzusehen, obwohl der Begriff im Sprachgebrauch eher negativ besetzt ist. Das liegt wohl daran, daß Gewaltanwendung viel unter Menschen stattfindet, indem sich über den Eigenwillen des Betroffenen hinwegsetzt wird. Dem gegenüber entsteht die interessante Frage, ob es dazu überhaupt eine Berechtigung geben kann. Gibt es Situationen, welche die Anwendung von Gewalt gegenüber Menschen rechtfertigen? Dieselbe Frage ließe sich bezüglich der Ausübung von Macht stellen. Macht und Gewalt treten oft gemeinsam auf bzw. sind verwandte Begriffe. Dabei zielt »Gewalt« auf das direkte Vorgehen gegen ein Anderes während »Macht« auch über die Vorstellung das Andere zu dirigieren in der Lage ist. Wenn jemand Macht über mich ausüben will, dann kann er mir Gewalt androhen, um mir so seine Macht zu demonstrieren. Lasse ich mich davon nicht beeindrucken, könnte er versuchen, mir Gewalt anzutun. Gelingt es mir, seiner Gewalt adäquat zu begegnen und ihn abzuwehren, so gewinnt der Angreifer die erstrebte Macht über mich nicht. Gelingt es ihm aber, so werde ich mich seinen Forderungen beugen, also seine Macht anerkennen, ohne daß er erneut Gewalt anwenden muß. Der durch Gewalt errungene Sieg über mich verschafft dem Angreifer die Macht. Dieses Beispiel sollte man nicht auf private kriminelle Vorgehensweise beschränkt vorstellen, sondern vor allem im Wirtschaftsleben, in der Politik und bei der Durchsetzung der Staatsmacht gegenüber den Bürgern findet dieses Vorgehen Anwendung. Der Staat droht, seine Macht mit Gewalt durchzusetzen und ist mehr als bereit die Drohungen in Taten umzusetzen. Wir müssen daher die berechtigte Durchsetzung von Macht mittels Gewalt vom Mißbrauch der Macht unterscheiden. Und da stellt sich erneut die Frage: Wann ist ein Mensch oder eine Institution berechtigt, Macht über andere auszuüben?

Wir müssen die Macht haben, unsere Lebensumgebung an unsere berechtigten Bedürfnisse anzupassen. Wir müssen Felsen sprengen, Wälder roden, Pflanzen kultivieren, Tiere domestizieren usw. Diese Macht ist uns von der Natur her verliehen worden und verlangt ständig die verantwortungsvolle Anwendung von Gewalt. Und niemand wird derartiges Vorgehen als unberechtigt empfinden. Worin also liegt das Problem der Gewalt bzw. wann wird die Anwendung von Gewalt schädlich?

9. Eine Frage der Würde

Es steht außer Frage, daß jeder Mensch sich lebenserhaltend betätigen können muß. Doch wie steht es mit all dem Tun, das über diesen Bereich hinausgeht? Niemand vollbringt ausschließlich lebensnotwendige Taten, sondern jeder betätigt sich mehr oder weniger ausgiebig im Bereich des Komfortablen, Unterhaltenden, Kulturellen.

Wie sind Bedürfnisse des Kulturellen, Komfortablen, Unterhaltenden gegeneinander abzuwägen? Das ist eine schwierige Frage. Hier bedarf es einer sozialen Feinabstimmung, für welche die Kriterien erarbeitet werden müssen. Wir verlassen hier also den Bereich des Lebensnotwendigen, den gewissermaßen die Natur zu erzwingen sucht und begeben uns in den Bereich des Rechts, wo dem Menschen durch vorübergehenden Verzicht auf Erfüllung der Bedürfnisse keine existentiellen Schäden entstehen.

Ein Beispiel: Niemand muß einen Rasen in seinem Garten haben. Er gehört nicht zum Lebensnotwendigen, sondern zum komfortablen bzw. ästhetischen Bereich. Wenn aber jemand eine Rasen hat, dann muß er ihn mähen. Dabei stört er in der Regel durch das Geräusch seines Rasenmähers die Nachbarn. Die nehmen es aber gewöhnlich hin, weil sie selbst einen Rasen haben, oder es zumindest als normal empfinden, daß man einen solchen hat und diesen mäht. Um möglichst wenig zu stören, wählt man dazu eine Zeit, zu der die anderen nicht gerade schlafen und z. B. nicht den Sonntag, wo man auf der Terrasse in der Sonne sitzt und Kaffee trinkt. Wenn aber mein Nachbar Nachtarbeiter ist, dann wird er immer am Tage schlafen und ich werde ihn stören, wenn ich nicht weiter Rücksicht nehme. Er wird wissen, daß er die Ausnahme ist und daß ich meinen Rasen nicht nachts mähen werde, nur weil er dann nicht im Hause ist. Und hier sieht man schon die Grenzen von Gesetzen, Vorschriften und Verordnungen. Man darf eben Gesetz und Recht nicht miteinander verwechseln. Gesetze können dem Einzelfall gegenüber ganz ungerecht und unpassend sein und die sture Befolgung kann verheerende Folgen haben. Es kommt daher viel mehr auf den lebendigen Rechts-Sinn des einzelnen Menschen an, als auf die kategorische Einhaltung der Gesetze. Gesetz ist erstarrtes, totes Rechtsempfinden, totes Rechtserleben und hat nur dort eine Berechtigung, wo tatsächlich die Verhältnisse immer gleichbleibend sind. Man kann natürlich gegenüber dem obigen Nachtarbeiter sagen: Der hat eben Pech, weil er von der Norm abweicht. Aber das ist zu kurz gedacht. Wenn wir einmal das Problem der heutigen Wirtschaftsweise unberücksichtigt lassen, dann muß man die Frage stellen: Wieso soll jemand, der für die Gemeinschaft bereit ist, nachts zu arbeiten, Nachteile durch Lärm während seiner Schlafenszeit hinnehmen müssen? Muß hier nicht vom Gesetz Abstand genommen und eine individuelle Lösung gefunden werden?

Aus dieser Betrachtung ergibt sich die Lösung für all die ärgerlichen Streitereien zwischen den Menschen. Die Lösung ist einfach, auch wenn ihre Umsetzung derzeit nicht wirklich möglich ist: Es bedarf der Ausbildung eines lebendigen Rechtsempfindens neben der Ausbildung eine schöpferisch-lebendigen Denkens, welches fragend und forschend die Welt-Objekte aufsucht und sich weigert, diese aus dem erinnerten Wissen heraus bestimmen zu wollen. Nicht soll der Mensch der Welt sagen, was sie sei, sondern er soll sich von der Welt sagen lassen, was und wie sie ist. Denn die Gedanken sind keine subjektiven Gehirn-Konstrukte, sondern sie walten in den Dingen der Welt und bilden diese. Und allein um diese Art der Gedanken sollte es uns gehen. Sie zu finden und zu erleben muß das Ziel sein. Denn mit dem alten, passiven Denken erschlagen wir die Wirklichkeit. Wir stellen Gedanken aus unserem Gedächtnis vor die Realität hin. Wir verdecken die in den Objekten waltenden Gedanken durch unser vermeintliches Wissen. Wir schneiden uns von der Realität ab. Nur in den Objekten waltet lebendiges Denken. Und ebenso lebendig, wie das die Objekte bildende Denken, muß das Rechtsleben sein, dann erst können wir verträglich miteinander leben.

Um die praktische Anwendung des lebendigen Rechtsempfindens näher zu beschreiben, sollte erst einmal der Begriff der Würde angeschaut werden.

Was ist Würde?

Auffallend ist, daß fast niemand, den ich nach der Bestimmung dieses Begriffes fragte in zwanzig Jahren Kursarbeit der Denkschule, diesen Begriff auf Anhieb zu erklären vermochte. Obwohl jeder meinte, daß es etwas ganz Wichtiges sei, was da unser Grundgesetz zu garantieren versucht. Aber was ist es? Schaut man genauer hin, so ergibt sich, daß die Würde eng zusammenhängt mit der Wertschätzung, die eine Gruppe von Menschen dem Einzelnen gegenüber empfindet. So werden hilfreiche Taten von der Gesellschaft gewürdigt während schädigende Taten geächtet werden. Daraus ergäbe sich, daß jedem Mitglied der Gemeinschaft ein anderes Maß an Würde zukäme. Wie ist also nun jener erste Satz des Grundgesetzes gemeint? Soll man unwürdiges Verhalten trotzdem würdigen? Das ist nicht möglich. Die bürgerliche Gesellschaft verleiht den verschiedenen Aufgaben und Ämtern einen verschieden hohen Wert und bestimmt ihre Würdenträger. Dabei verleiht man dem Bürgermeister eine höhere Würde als dem Polizisten oder Nachtwächter. Das alles kann aber mit Artikel 1 (1) des Grundgesetzes nicht gemeint sein. Aber was dann? Auch hier kann nur die Geisteswissenschaft weiterhelfen. Denn in Wirklichkeit ist jeder Mensch ein wertzuschätzendes Mitglied der Menschheit. Jeder trägt seine individuellen Talente, Erfahrungen und Erkenntnisse, gleichwie seine Unfähigkeiten, Versäumnisse und Verfehlungen in den Fundus der Menschheit ein – auch der Kranke, Schwache, Behinderte und ebenfalls der Lügner, Betrüger, Mörder, Tyrann etc. Alle Mitglieder formen, wie auch immer sie geartet sind, durch ihr individuelles Dasein den sozialen Organismus. Dabei ist jeder Beitrag als wertvoll einzustufen – auch wenn dieser negativ geartet ist. Jeder Beitrag, auch das Versagen und sogar das Verbrechen hat einen Wert für die Gemeinschaft, denn sie erkennt daran – auch wenn dies Inkarnations-übergreifend verstanden werden muß – ihr eigenes Versagen und kann dies für die Zukunft zu vermeiden suchen. Insofern hat jeder Beitrag seinen sozialen Wert. Nun bezeichnet Rudolf Steiner das Menschsein als eine Würdestufe des Daseins gegenüber den Wesen des Kosmos. Die Engel bilden die nächst höhere Würdestufe über uns, Erzengel eine noch höhere usw. Die Tiere, Pflanzen und Minerale – um nur die sichtbaren Wesen zu nennen – gehören einer niedrigeren Würdestufe als der Mensch an. Demnach würde das Grundgesetz sagen wollen: Jeder Mensch muß als Mensch behandelt werden und darf nicht auf die Stufe eines Tieres oder einer Pflanze herabgewürdigt behandelt oder auf die Stufe eines über dem Menschen stehenden Engels erhoben werden. Und damit sind wir wieder bei unserem Ur-Recht, nach welchem jeder seinen Bedürfnissen entsprechend leben können muß. Wenn jemand – was heute leider wieder sehr häufig illegal geschieht – andere Menschen überwältigt und versklavt, dann bricht er das Recht, das Grundrecht dieses Menschen. Er verwehrt ihm, sich nach seinen Bedürfnissen zu verhalten, was die Würde des Betreffenden verletzt. Dies zu vermeiden, muß die Absicht des Grundgesetzes sein, wobei derjenige, der die Verhältnisse durchschaut, sofort auf die Undurchführbarkeit dieses Ansinnens stößt. Das Gesetz ist also durchaus sinnvoll, ja sogar weisheitsvoll geschaffen worden und wohl in der Hoffnung, daß der Begriff der Würde verstanden und beachtet würde. Der Fehler war nur, daß man bereits bei der Abfassung des Gesetzes wissen konnte, daß dessen Beachtung und Einhaltung nicht geplant war. Das ergibt sich schon aus der Form, die eigentlich jedem das Gefühl gibt, daß sein Würde geschützt sei, ohne es wirklich zu sein.

Soweit zum Begriff der Würde. Aber was machen wir nach den vorangegangenen Erwägungen mit jenen Menschen, die sich verbrecherisch gegenüber der Gesellschaft verhalten, wenn wir doch ihre Würde nicht antasten dürfen? Denn soviel ist klar: Gewalttäter, Diebe, Betrüger und Lügner müssen von der Gesellschaft ferngehalten werden, wenn nicht noch mehr Unheil entstehen soll, doch ist das Festsetzen eines Menschen, die Inhaftierung mit der Würde des Menschen nicht vereinbar. Müssen wir die Menschenwürde antasten, wenn wir kriminelle oder auch durch seelisch-geistige Verwirrung gefährliche Menschen einsperren? Man könnte sich fragen, besitzen solche Menschen überhaupt eine Würde, einen sozialen Wert? Nun, ich denke, ja, wenn auch einen negativen. Worin besteht die Würde z. B. eines Kriminellen? Hat er nicht durch sein Verhalten seinen sozialen Wert verwirkt? Viele Menschen denken so, doch ist das zu kurz gedacht. Auch er leistet einen wertvollen Beitrag, aus dem die Gemeinschaft lernen muß. Er ist und bleibt Mensch, auch wenn er sich unwürdig verhält, seine Würde als Mensch, sein Potential, ist nicht auf diese eine Eigenschaft reduzierbar.

Betrachtet man die Menschheit als ein Ganzes, das als Gesamtheit erhalten bleibt und schon durch Äonen gemeinsam gegangen ist, so weiß man, daß die Wiedergeburt eine Tatsache ist. Und mit der Wiedergeburt tragen wir unsere sämtlichen Erfahrungen, sowohl die erworbenen Fähigkeiten als auch die Schwächen als karmischen Belastungen, in dieses neue Leben hinein. Ja, wir inkarnieren vor allem aus zwei Gründen: Der eine besteht darin, die Entwicklungsaufgaben der Menschheit auf der Erde in der richtigen Zeit aufzugreifen und zu lösen, um den Anschluß an die fortschreitende allgemeine Menschheitsentwicklung nicht zu verpassen. Der andere besteht darin, sowohl seine Fähigkeiten für die Gemeinschaft einzubringen als auch in und durch die Gemeinschaft sein Karma, seine Belastungen auszugleichen und seine Schwächen in Stärken zu verwandeln. Reinkarnation und Karma zusammen mit der göttlich veranlagten Weiterentwicklung der Welt ergeben erst in der Zusammenschau einen Sinn. Dabei müssen wir begreifen, daß die Belastungen, welche eine Gemeinschaft durch unsoziales oder kriminelles Verhalten Einzelner erfährt, doch immer nur Folgen einstiger Versäumnisse der Gemeinschaft sind. Gleichgültig ob die Eltern in diesem Leben ihr Kind nicht richtig erzogen haben oder ob Taten und Versäumnisse aus dem letzten Leben zu unverträglichem Verhalten führte: Immer sind die Versäumnisse Einzelner auch die Versäumnis der Menschengemeinschaft. Auch wenn jemand körperliche, seelische oder moralische Krankheiten aufweist, liegt letztlich immer ein gewisses Versagen der Gemeinschaft vor. Jede Krankheit, jede Unart, alles Fehlverhalten geht auf gewisse Versäumnisse zurück, welche die Gemeinschaft den Betroffenen gegenüber begangen hat, so daß die Gemeinschaft allen Grund hat, das Fehlverhalten, die Krankheit oder Behinderung, die in ihren Reihen auftreten, sehr ernst zu nehmen, denn alles in diesem Leben auftretende Abnorme ist durch die vorangegangenen Leben durch die Gemeinschaft bzw. durch einzelne aus der Gemeinschaft veranlagt wurde. Denn wie kommt es dazu, daß Menschen nicht ausreichend oder falsch erzogen werden, in Armut leben müssen, Verbrechen zum Opfer fallen oder zum Verbrecher werden? Immer ist die Gemeinschaft beteiligt. Es gibt in der Regel keine menschlichen Vorgänge, die nicht mit der Gemeinschaft zusammenhängen. Insofern ist mein Karma stets das Resultat meiner Auseinandersetzung mit der Gemeinschaft – wie immer umfangreich oder klein diese auch gewesen sein mag. Was da erlebt, erduldet und erfahren wird, ist immer auch Bestandteil der Menschheit. Es mag gewiß

Situationen geben, die es erforderlich machen, Menschen wegzusperren, sicherzustellen, von der Gemeinschaft fern zu halten. Da liegt dann das Unvermögen vor, an der Sache heilend zu arbeiten. Grundsätzlich sollte sich die Gemeinschaft nicht auf den Irrtum verlegen, zu meinen, daß sie nichts mit der Sache zu tun habe. Das Gegenteil ist der Fall. Und durch Karma und Reinkarnation wird alles Unerledigte im nächsten Leben den Betreffenden wiederum zur Erledigung vorgelegt werden. Die Menschheit ist ein Ganzes und kann nicht getrennt werden. Die größten Verbrecher gehören dazu und sind vielleicht sogar die größten Lehrer, womit nicht gemeint sein kann, sie nachzuahmen, sondern an den Folgen ihrer Taten und an dem Ausgleich dieser wird gelernt, massiv gelernt, wird gelernt werden müssen, das Böse in Gutes, in Liebe zu verwandeln. Insofern also ist die Würde des Menschen unantastbar. Jeder gehört zur Menschheit und trägt bei, im Guten, Lieben wie im Schlechten, Bösen.

Kommen wir nun noch einmal auf die Fragen nach Macht und Gewalt zurück, so könnte man sagen: Die Würde eines Menschen darf durch Ausübung von Macht und Anwendung von Gewalt verletzt oder eingeschränkt werden, wenn dieser die Würde anderer zu verletzen neigt, ohne daß ein entsprechendes Unrechtsbewußtsein ihn davon abzuhalten vermag. Hier trifft die Gemeinschaft auf ihre Aufgabe: Anstatt den Schuldigen zu suchen, gilt es, die Versäumnisse auszugleichen bzw. zu heilen. Wichtig ist, was die soziale Fehlhaltung erzeugte, nicht wer daran Schuld war. Schuldzuweisungen haben nur dann einen Sinn, wenn sie die Schuldigen zu einer freiwilligen Korrektur ihres Wesens führen und ggf. zur Wiedergutmachung.

10. Recht im täglichen Leben

Worum geht es im täglichen Leben bezüglich eines lebendigen Rechtserlebens? Die ständige Frage, die wir vom Herzen ausgehend vor uns hertragen ist die der Berechtigung. Man könnte auch sagen, was uns seelisch ständig beschäftigt, ist die Frage der Rechtfertigung eigenen und fremden Verhaltens.

Was also ist eine Berechtigung?

Durch sie wird ein bestimmtes Verhalten, werden bestimmte Handlungen gegenüber anderen im Zusammenhang mit bestimmten Vorhaben oder Einrichtungen als erlaubt bzw. nicht berechtigt bewertet. Mir als Mensch ist erlaubt, ich bin berechtigt, mich meinen Bedürfnissen entsprechend zu verhalten. Ich bin aber nicht berechtigt, andere in diesem Verhalten zu behindern oder gar sie davon abzuhalten.

Nehmen wir das folgende Beispiel: Wir stellen uns eine Wohnsiedlung vor mit Einzelhäusern. Jedes Haus hat seinen Zaun, seine Hecke und einen Weg vom Fußweg zum Hauseingang. Die meisten dieser Wege sind durch eine Gartenpforte noch einmal abgeriegelt. Den allgemeinen Fußweg zu benutzen, ist jeder berechtigt – keine Frage, obwohl in manchen Siedlungen gewisse Bewohner sich schon wundern, wenn dort Menschen vorbeigehen, die sie nicht kennen. Aber sie wissen, daß sie diese gewähren lassen müssen. Anders ist es, wenn ich durch die Gartenpforte auf das Haus zugehe. Dazu brauche ich bereits eine gesonderte Berechtigung. Diese kann z. B. darin bestehen, daß ich mit den Hausbewohnern eine soziale Beziehung unterhalte, wir kennen uns, sind befreundet etc. Sie kann auch darin bestehen, daß ich ein öffentliches Amt bekleide, wie z. B. der Briefträger, der Schornsteinfeger usw. Wenn aber keine solche Berechtigung bei mir vorliegt, dann sollte ich schon nicht diesen Hauseingangsweg betreten. Ich tue es trotzdem, weil ich nach einer Adresse fragen will. Darf ich das? Bin ich dazu berechtigt? Eigentlich nicht! Aber die Hilfsbereitschaft der

Menschen wird groß sein, mir in einem solchen Falle die Berechtigung nachträglich zu gewähren. Ohne mein Anliegen, nach einer Adresse fragen zu wollen, gäbe es keinerlei Berechtigung. Wie ist es aber im Falle eines Hauses mit mehreren Wohnungen? Bei solchen Gebäuden hat man in der Regel schon keine Gartenpforte mehr. Diesen Weg bis zur Haustür kann ich auch ohne Anliegen begehen. Zwar fehlt mir dann ebenso die Berechtigung, aber es würde nicht von den Bewohnern reklamiert, wenn ich diesen Weg benutze. Und ähnlich verhält es sich bei öffentlichen Gebäuden, wie Bahnhöfen und Rathäusern, Kirchen etc. An solchen Gebäuden sehen wir dann schon öfter obdachlose Mitmenschen kampieren und die Städte und Gemeinden haben Mühe, diese Menschen von Sehenswürdigkeiten und stark frequentierten Plätzen zu vertreiben. Wie steht es aber in diesem Falle um die Berechtigung?

Öffentliche Gebäude dienen einem bestimmten Zweck und können von jedem im Sinne dieses Zweckes aufgesucht werden. Er ist berechtigt, sich in ihnen und in deren Umfeld aufzuhalten. Diese Berechtigung besitzt der Obdachlose nur insofern er die Gebäude und Einrichtungen in deren Sinn gebrauchen möchte. Er hat aber oftmals ein anderes Anliegen. Er sucht Plätze, an denen er sich gewissermaßen wohnend aufhalten kann, wozu ihm aber die Berechtigung weitgehend fehlt. Es gibt da gewisse Gesetze, die jedem erlauben, so und so nah an die Ladengeschäfte, Bushaltestellen, Bahnhöfe herauszugehen. Aber durch öffentliche Gebäude geschützt zu nächtigen ist nur sehr schwer möglich. Gesetze sollen uns jedoch in dieser Betrachtung nicht interessieren. Wie also steht es um die eigentliche Berechtigung, um das lebendige Rechtsempfinden? Da geht die Frage sofort zurück auf die Gründe der Obdachlosigkeit. Wie konnte es geschehen? Ist es nicht einfach die Folge davon, daß Gesetze anstelle des lebendigen Rechtserlebens geherrscht haben, als es geschah? Gewiß, der Obdachlose hat vielleicht seine Miete nicht bezahlt, hat getrunken oder andere Drogen konsumiert und die Wohnung verwahrlosen lassen. Aber wie kam es dazu? Liegen da nicht doch – vielleicht sogar im letzten Leben – Versäumnisse vor, die ja immer auch Versäumnisse der Gemeinschaft sind? Dem Vermieter kann man nicht in jedem Falle die Aufgabe zumessen, diese Lasten allein zu tragen. Aber die Gemeinschaft kann sich nicht der Verantwortung entziehen. Es mag sein, daß niemand Zeit und Fähigkeiten hat, sich um solche Fälle zu kümmern. Aber das entbindet die Gemeinschaft nicht von ihrer Pflicht, für alle Menschen da zu sein – wie immer problematisch der Einzelfall auch sei. Und durch diese Darstellung wird deutlich, daß die Frage der Berechtigung schon ein geisteswissenschaftlich erweitertes Weltverständnis erforderlich macht. Ohne Wissen von Reinkarnation und Karma ist dieser Bereich schon nicht mehr voll zu erschließen. Es ist nicht die Schlechtigkeit der Menschen, die das Zusammenleben so schwer macht, sondern das falsche Weltverständnis ist es, welches zwangsläufig ins soziale Chaos führen muß. Das kann nicht deutlich genug gesagt werden.

Dort wo ein der Wirklichkeit angenähertes Weltverständnis herrscht, wird es kein Problem sein, festzustellen, wie es um die Berechtigungen der Anliegen der Mitglieder der Gemeinschaft steht, wessen Bedürfnis Vorrang hat und wessen nicht anzuerkennen ist, oder wie im Zweifelsfalle ein Kompromiß gefunden werden kann. Ich bin allerdings kein Freund von Kompromissen, denn diese haben leicht etwas von Unwahrhaftigkeit an sich. Da ich diese Auffassung aber nicht auf Aussagen Steiners stützen kann, weise ich hiermit darauf hin, daß es sich ausnahmsweise um meine persönliche Meinung handelt. Klären wir aber zunächst den Begriff.

Was ist ein Kompromiß?

Allgemein wird darunter verstanden, daß divergierende Anliegen im Kompromiß so aufeinander abgestimmt werden, daß keines des Anliegen im vollem Umfang durchgeführt werden kann, sondern daß auf beiden Seiten auf gewisse Aspekte verzichtet wird zugunsten der jeweils anderen Interessen. Jeder verzichtet, so daß man nur einen Teil seines Anliegens verwirklichen kann, daß aber die Sache nicht ganz ausfallen muß.

Das klingt sehr vernünftig. Doch bei genauerem Hinsehen stellt sich oft heraus, daß es sich in Wirklichkeit eher um eine Feinabstimmung der divergierenden Bedürfnisse durch die Kontrahenten handelt. Dabei wird idealerweise das Unberechtigte – so vorhanden – aufgedeckt und fallen gelassen. Man stimmt sich ab und paßt sich den Möglichkeiten an, ohne auf Einzelheiten, die einem wichtig sind, verzichten zu müssen. Sobald jeder die Gesinnung entwickelt, das Angemessene finden zu wollen, wird sich klar zeigen, wessen Anliegen das dringendere, wichtigere ist, welches also den Vorzug haben muß. Theoretisch wird man Fälle konstruieren können, die Kompromisse erforderlich machen. Doch in der Praxis wird dies nach meiner Auffassung nicht nötig sein. Denn jede Situation spricht ihre eigene Sprache. Ich habe das eine oder andere Bedürfnis und bemerke, daß ich einen anderen damit belaste – weil dieser sein Anliegen deutlich nach außen zu erkennen gibt, genau wie ich. Sobald ich bemerke, daß ich den anderen einschränken würde, wirkt diese Tatsache zurück auf mein Bedürfnis – so behaupte ich – und dieses paßt sich der Situation an. Es prüft sich ganz von selbst im lebendigen Rechtserwägen, welche Berechtigung und Dringlichkeit das Bedürfnis hat gegenüber dem meinen. Wenn mein sozialer Sinn, meine moralische Intuition funktioniert, werde ich immer dem Bedürftigeren den Vortritt lassen wollen. Das wird sich aus meiner geistigen Freiheit heraus entwickeln und mein Bedürfnis ggf. relativieren und mich zu einer Abstimmung mit dem anderen anregen, die nur selten in einem Kompromiß enden wird. Wir befinden uns hier außerhalb des Bereiches, wo Täuschung und Macht eine Bedeutung haben. Die Voraussetzung wird also sein, daß alle Beteiligten sich zu der Gesinnung vorgearbeitet haben, das jeweils angemessene Verhalten erwägen und dem Resultat des Erwägens auch folgen zu wollen.

Allerdings erfordert dieses Vorgehen eine konsequente Umsetzung der intuitiv gefundenen Resultate. Wenn mir z. B. als Antwort auf meine Erwägung die moralische Intuition nahelegt, daß ich in dem vorliegenden Fall den Vortritt haben soll, dann muß ich dem auch konsequent folgen, indem ich dies den Kontrahenten zu verstehen gebe. Bei einem intakten Sozialverhältnis würden sich daraus keine Probleme entwickeln, denn die anderen Beteiligten würden zum selben Resultat kommen. Wer hier dann zu nachsichtig ist, und das intuitive Resultat nicht deutlich genug gegenüber den Kontrahenten vertritt, dient der Sache nicht. Denn es gilt – besonders in Übergangssituationen, wo noch nicht ausreichend Erfahrung mit dieser Praxis vorliegt –, sich an intuitive Antworten auf Fragen zu gewöhnen und Vertrauen zu ihnen zu entwickeln. Inkonsequentes Verhalten stört die Entwicklung des gesunden Rechtsempfindens. Erst wenn das innere Erleben des Rechtes ganz von Zweifeln und abstraktem Wissen befreit ist und wir kompromißlos wahr zu leben verstehen, wird das Gute, das in jedem Menschen liegt, sich in vollem Maße auswirken können.

In der Auseinandersetzung mit unvorbereiteten Menschen wird es zwangsläufig die üblichen Schwierigkeiten geben müssen. Da wird es geschehen, daß mein geschultes Rechtsempfinden mir beispielsweise bedeutet, daß ich den Vortritt haben müsse, daß aber die Kontrahenten mir widersprechen und sehr überzeugt sind, daß sie das wichtigere Anliegen hätten und deshalb den Vortritt haben müßten. Dagegen ist man zunächst machtlos. Denn wenn bei meinen Mitmenschen der moralische Sinn nicht ausgeprägt ist, oder der Egoismus überwiegt, habe ich unter Umständen keine Möglichkeit durch Diskussion zur gerechten Lösung zu kommen. Dabei muß ich das Fehlen des Bewußtseins vom lebendigen Rechtsempfinden in unserem Kulturkreis berücksichtigen. Ich kann nicht verlangen, daß meine Mitmenschen dieses neue Rechtserleben sich erarbeiten sollen. Genau wie ich nicht verlangen kann, daß man die Anthroposophie studiert um meine Verhaltensweisen verstehen zu können. Was ich aber tun kann, ist, mich in die Lage des Kontrahenten zu versetzen, in die Lage eines Menschen, der sich nach Vorschrift und Üblichkeiten oder nach seinem Egoismus richtet, um Verständnis für sein Vorgehen zu entwickeln. Damit meine ich nicht ein in jedem Falle zustimmendes Verständnis, sondern gerade gegenüber Gewalttaten, Betrügereien und Egoismen ein Verständnis des Zusammenhanges von Karma und Reinkarnation und der stets vorhandenen Verantwortung der Gemeinschaft gegenüber ihren Mitgliedern. Aus diesem Verständnis heraus werde ich in den meisten Fällen auch gangbare Wege finden für ein erträgliches Zusammenleben. Gelingt es, nach solchen Erkenntnissen zu leben, so wird man durch sein Beispiel der Gemeinschaft den größten Dienst erweisen. Es wird sich allerdings zunächst nur um kleine geschlossene Gruppen handeln können, die versuchen nach der Dreigliederung zu leben. Rudolf Steiner sprach von Kulturinseln.

Das Rechtsleben äußert sich also für den Teilnehmer einer solchen Gemeinschaft zunächst einmal in dem Empfinden oder Erleben der Berechtigungen der Anliegen der Teilnehmer seiner Gruppe gegenüber ihm oder anderen bzw. der ganzen Gruppe etc. Und wenn man sich dieses Rechtserleben bewußt macht, erkennt man erstaunt: Eigentlich wissen wir immer ziemlich genau, wie berechtigt irgendein Anliegen ist, sobald wir uns damit befassen. Wir haben einen Sinn für Gerechtigkeit, aber dem trauen wir nicht. Wir trauen ihm zu recht nicht, weil wir wissen, daß wir die Neigung haben, unsere Interessen wichtiger zu nehmen als die der anderen. Wir trauen unserem Gerechtigkeitsempfinden nicht, weil man uns erzogen hat, unsere Gedanken, Gefühle und Wollungen der Tendenz nach denen der anderen vorzuziehen und letztere nur besonders zu beachten, sofern wir uns Vorteile davon versprechen. Und statt uns anzuleiten, unseren Rechts-Sinn lebendig zu machen, auszubilden und zu verfeinern, brachte man uns bei, das zu Gesetzen und Üblichkeiten erstarrte Rechts-Erleben zu beachten und erstickte damit die Versuche, ein lebendiges und vor allem selbstloses Gerechtigkeits-Empfinden auszubilden. Das äußerte sich vielfach in der Form, daß man unnötigerweise einen besonderen Widerwillen gegen Regeln und Gesetze entwickelte ohne sich in der schöpferischen Moralität besonders entwickelt zu haben. Es ist einfach eine Tatsache, daß die Zeit der Gesetze vorüber ist, lange schon vorüber ist und der Mensch vor der Aufgabe steht, ein lebendiges Rechtserleben auszubilden, aus welchem er moralische Intuitionen für das angemessene Verhalten empfangen kann. Denn jedes Gesetz bringt in recht vielen Fällen Ungerechtigkeit hervor, ungerechte Lebenslagen und ungerechte Urteile. Das liegt ganz einfach daran, daß man die Sache festgelegt hat und ihr damit das Leben genommen hat. Eigentlich müßte das lebendige Rechtsempfinden der Maßstab aller Rechtspraxis sein. Bis dahin ist es noch ein weiter Weg.

11. Produktive Moralität
als Grundlage eines höheren Lebens

Da die Menschen nicht mit der Realität des Geistes rechnen, können sie auch nicht annehmen, daß es eine moralische Intuition geben kann. Natürlich hat jeder schon einmal Einfälle gehabt und sich vielleicht sogar gewundert, wo die denn wohl hergekommen sein mögen, da ihm der Inhalt des Einfalls so fremd aber passend vorkam. Das jedoch bedeutet nicht, daß man daraus schließt, es müsse einen Geist geben, eine geistige Welt, aus der durch das Suchen und Fragen nach einer Lösung die Idee einem zugekommen ist. Macht man sich aber klar, daß hinter oder in jeder Welterscheinung ein ideenhaftes geistiges Wesen wirksam ist, um die Erscheinung zu erzeugen und erhalten, erlangt man überhaupt erst die Möglichkeit, das lebendige Rechtserleben zu begreifen. Denn so wie es zu jeder Welterscheinung ein lebendiges Ideenwesen geben muß, welches das Objekt hervorbringt und erhält und uns als Abbild im Gedanken erscheint, so gibt es auch für die Rechtslage, für die Frage der Berechtigung so etwas wie eine Idee. Jedes Anliegen hat seinen Berechtigungswert, seine Würde, die ihm innewohnt und nicht verhandelbar ist. Es kann nur darum gehen, in dem Fall, wo zwei oder mehr Anliegen sich bei der Verwirklichung im Wege stehen, die Werte der verschiedenen Berechtigungen zu ermitteln und gegeneinander abzuwägen. Dabei spielen dann noch der individuell verschieden starke Schenk-Wille und die Bereitschaft, Geschenke entgegenzunehmen eine Rolle. Ich denke, diese Abstimmung geschieht wie von selbst, sobald wir unserem Rechtssinn zu vertrauen beginnen. Wann aber ist das der Fall? Dies kann erst eintreten, wenn wir bereit sind, grundsätzlich auf die heute weitgehend übliche Vorteilsnahme zu verzichten und aus dem Wettbewerb auszuscheiden. Wettbewerb soll nur im Geistesleben herrschen. Wenn wir der Welt sagen, daß wir bereit sind, die Wahrheit klaglos hinzunehmen, wenn wir bereit sind, auf Vorteile zu verzichten, wenn wir nicht mehr besser als andere dastehen wollen, wenn wir einverstanden sind, ggf. die größere Last zu tragen oder weniger berücksichtigt zu werden, dann öffnet sich uns die geistige Welt und läßt uns Gedanken, Ideen, Begriffe zukommen, bei denen wir sofort das Gefühl haben: Ja, so muß es sein! Das ist gewiß wie ein Wunder, doch wenn man die Zusammenhänge kennt, ist es wiederum auch folgerichtig. Denn die geistige Welt enthält nun einmal die Ideen, die Pläne, die Ursachen für alle physischen, ätherischen und astralischen Erscheinungen. Wenn ein Mensch ehrlichen Herzens eine klare Frage formuliert, so findet diese ohne Hindernis Eingang in diese Ideen- und Ursachenwelt und verbindet sich mit Verwandtem, welches uns als die gesuchte Antwort auf unsere Frage intuitiv erscheint. Das hört sich vielleicht recht simpel an, es ist dies aber ein ganz großer Schritt, vielleicht der größte, den wir zu machen in der Lage sind. Ich will die Wahrheit wissen, will nicht mein Glück suchen, sondern annehmen, was mir die Welt als notwendig zu tun entgegenbringt. Die moralische, die ehrliche Gesinnung auszubilden ist unendlich schwer gerade in einer Zeit, wo die Menschen zum Gegenteil erzogen werden. Und ich werde Verständnis haben müssen für alle, die diesen Schritt nicht zu gehen bereit und in der Lage sind. Ich muß bereit sein, es ihnen vorzuleben, wenn dieses Element überhaupt in die Welt kommen soll. Dann werden sie vielleicht Interesse bekommen, es nachzumachen. Wenn ich aber bereit bin, den Berechtigungsgrad der divergierenden Bestrebungen anzuerkennen, wird er sich mir zuverlässig innerlich mitteilen. Ich werde stets die Würde der Anliegen, die den meinen entgegenstehen, einzuschätzen wissen. Es wird mir intuitiv klar. Und wenn ich mich daran halte, wird das soziale Leben einvernehmlich geregelt werden können. Und selbst auch in dem Falle, wo andere nicht einsehen wollen, daß mein Anliegen den Vorzug haben müßte, kann ich es wiederum einsehen, daß diesen Menschen die moralische Intuition fehlt und sie daher die Lage nicht durchschauen können.

Tritt nun aber der Fall ein, daß ein Beteiligter rücksichtslos seinen Vorteil sucht, indem er z. B. mein für mich lebenswichtiges Anliegen unterbewertet oder nicht anerkennt, so muß ich natürlich versuchen, meine Berechtigungen nachzuweisen. Bleibt er jedoch uneinsichtig und rücksichtslos, so kann ich versuchen, mein Recht durch Polizei und Justiz durchzusetzen. Das ist jedoch der unglücklichere Fall. Denn für die Zukunft wird alles von der Einsicht und nicht von der Macht abhängen.

Bevor wir nun zu anderen Themen übergehen, sollte der Begriff der Moralität noch beschrieben werden.

Was ist Moralität?

Wir haben es schon vielfältig beschrieben, aber um bei den erarbeiteten Begriffen zu bleiben, könnte vielleicht gesagt werden: Moralität ist das Leben unter Berücksichtigung der Würde. Ich will den objektiven Wert der zusammentreffenden Anliegen ermitteln und berücksichtigen. Dann kann mir die moralische Intuition zuteil werden, denn die Berechtigungslage ist ja objektiv vorhanden. Wenn ich sie nur kennen und berücksichtigen will, teilt sie sich mir intuitiv mit. Dann bin ich moralisch produktiv. Ich halte mich nicht einfach an Gesetze, Vorschriften und Üblichkeiten, sondern ermittle die tatsächliche Rechtslage. Würden die anderen dieselbe Gesinnung ausbilden, dann stünde einem einvernehmlichen Miteinander nichts mehr im Wege.

12. Rechte und Pflichten

Wenn man mit Menschen über Recht spricht, folgt alsbald der Hinweis, daß ja den Rechten auch Pflichten gegenüberstehen würden. Das scheint für viele ganz selbstverständlich. Und nicht selten folgt dann der Hinweis auf Immanuel Kant, der ja bezüglich der Pflicht Bedeutendes geschrieben habe, wie z. B. das Folgende in seiner »Kritik der praktischen Vernunft«: »Pflicht! du erhabener, großer Name, der du nichts Beliebtes, was Einschmeichelung bei sich führt, in dir fassest, sondern Unterwerfung verlangst...«, der du »ein Gesetz aufstellst..., vor dem alle Neigungen verstummen, wenn sie gleich insgeheim ihm entgegenwirken...«

Bilden wir dazu zunächst den Begriff.

Was ist Pflicht?

Gewöhnlich wird auf diese Frage geantwortet, eine Pflicht bestehe in einer Art Zwang, den Gesetze, Vorschriften, Absprachen und sittliche Gewohnheiten auf den einzelnen Menschen ausüben. Die Gemeinschaft sagt gewissermaßen dem Einzelnen: Wenn du in unserer Gemeinschaft leben willst, dann bist du verpflichtet, dich an das Übliche zu halten. Ist das rechtens? Welch ein Rechtsverständnis liegt hier vor? Nun, es ist das alttestamentarische Rechtsverständnis, das römische Verständnis, welches das lebendige Rechtsempfinden der moralischen Intuitionen nicht kennt. Das ist einer der Gründe, weshalb die Menschen sich nicht gut vertragen, sie denken, Rechte seien das, was dem Einzelnen gestattet ist und Pflichten umfassen all jenes, was man ihm abverlangen kann. Und worin die Rechte und Pflichten bestehen, müsse halt verhandelt werden. Ein solches Rechtsverständnis ergibt sich dem bloßen Verstand, der allein in der Logik lebt, aber nicht in den Ideen der Welt. Die Ideen der Welt sagen uns, daß das alttestamentarische und ebenso das römische Rechtsverständnis ausgelaufen ist und daß an deren Stelle durch das Mysterium von Golgatha das lebendige Rechtsempfinden getreten ist, die produktive Moralität.

Demnach kann mir niemand eine Pflicht auferlegen außer ich mir selbst. Ich kann mich wohl selbst verpflichten, verpflichtet fühlen aber niemals kann gegen meinen Willen das Pflichtgefühl in mir leben. Wenn ich eine mir auferlegte Pflicht nicht anerkennen will, dann ist es keine, dann ist es ein Zwang, eine Tyrannei, eine Gewalt, die gegen mich gerichtet wird. Die Pflicht kann sich der heutige Mensch nur selbst geben und zwar erfließt das Pflichtgefühl aus der vollen Einsicht in die hier besprochenen Zusammenhänge. Es erfließt dann, wenn der Betreffende die Gesinnung, das jeweils Angemessene in jeder Situation finden und anwenden zu wollen, sich angeeignet hat gegenüber allem, was er der Welt sinnvoller Weise beisteuern kann. Dazu bedarf es keiner Not und keiner Autorität. Die Notwendigkeit der zu leistenden Tat und die Erkenntnis, daß ich es bin, der das passende Talent für die erforderliche Tat besitzt, lassen mich mir die Pflicht auferlegen, entsprechend zu handeln. Aber dann ist es kein Zwang, sondern mein ureigenster Wille. Nur so herum verstanden und praktiziert kann es je zu einem einvernehmlichen Zusammenleben kommen. Ebenso wie mir keine Regierung die Grundrechte gewähren kann, weil ich sie schon besitze allein dadurch, daß ich Mensch bin, genauso kann mir niemand eine Pflicht auferlegen, weil ich das nur selbst vornehmen kann. Die Pflicht setzt mein Einverständnis voraus. Und ich weiß schon, daß mir auch an dieser Stelle widersprochen werden wird, doch es hat keinen Sinn zu diskutieren. Entweder ich sehe ein, daß ich dieses und jenes zu erfüllen habe, dann bin ich es, der mir die Pflicht gibt. Oder ich sehe es nicht ein und werde ggf. gewaltsam veranlaßt. Dann ist es ein Zwang und keine Pflicht. Denn wer will mir eine Pflicht geben, auferlegen? Wer will dazu das Recht besitzen? Niemand kann je das Recht besitzen, anderen Vorschriften zu machen. Er kann es sich widerrechtlich aneignen und so ist es im Verlauf der Geschichte stets geschehen. Man hat Verhaltensweisen alter Zeiten beibehalten, als sei nichts geschehen und meint, daß man das Recht habe dem Volk gegenüber lenkend, bestimmend, regierend aufzutreten. Man könne dem Volk einen Pflichtenkatalog aufstellen und dem gegenüberstellen eine Reihe von Rechten. Das konnte zu recht der König, der Kaiser, der Pharao, das kann der Mensch seit dem fünfzehnten Jahrhundert nicht mehr, ohne ins Unrecht zu geraten – gleichgültig, welches Amt er innehat. Natürlich hat man inzwischen die Gesetze so zurechtgeschrieben, daß dieses alttestamentarische Vorgehen legitimiert ist. Aber Gesetz ist nicht gleich Recht. Niemand darf dem Neugeborenen sagen: Wenn Du in unserer Gemeinschaft leben willst, dann mußt du dich an unseren Rechte- und Pflichtenkatalog halten. Das ist eine rechtliche Vergewaltigung. Eigentlich darf es gar keine Gesetze, keine Rechtsvorschriften geben. Und man täusche sich nicht, es kann nur funktionieren, wenn es sie nicht gibt. Solange es Rechtsvorschriften gibt, wird das soziale Leben unter Rechtsverletzungen zu leiden haben. Denn das ist die Folge der Gesetze: Sie verhindern die Ausbildung des lebendigen Rechts-Sinnes im Menschen, sie verhindern die Entwicklung einer produktiven Moralität. Der Grund für den heute stark zu erlebenden Hang der Menschen zu Rechtsübertretungen bis hin zur Kriminalität, liegt zu einem großen Teil darin begründet, daß man sich an Vorschriften halten soll anstatt den eigenen Gerechtigkeitssinn zu trainieren. Man muß die Menschen üben lassen, selbst herauszufinden, was gerecht ist, was man dem anderen zumuten kann und was nicht. Die Vorschrift verdirbt diesen Sinn, den der Christus in jedem Menschen veranlagt hat und der darauf wartet, von uns erweckt und ausgebildet zu werden. Das alles bedeutet nicht, daß man keine Verpflichtungen mehr eingehen würde, sondern im Gegenteil, freiwillig würde man gern alle möglichen Verpflichtungen auf sich nehmen. Sofern man die moralische Gesinnung ausgebildet hat, räumt man gern anderen das Recht ein, gewisse Taten erfüllt zu bekommen. Ja, man fühlt sich gewissermaßen geehrt, sich für andere einsetzen zu dürfen.

Aus gegebenem Anlaß sei darauf hingewiesen, daß gerade heute (2019) immer deutlicher wird, daß das öffentliche Rechts- und Gesetzesleben in eine Willkür von Seiten des Staates übergegangen ist, was nichts anderes bedeutet, als daß das alte, an Gesetzen orientierte Rechtsleben bereits weitgehend zusammengebrochen ist. Es herrschen bereits Unfreiheit, Rechtlosigkeit, Diktatur und Tyrannei – je nach dem um welchen Fall es geht.

13. Geben und Nehmen

Im Wirtschaftsleben findet das Geben und Nehmen statt, der Austausch von Waren und Leistungen zur Befriedigung der Bedürfnisse. Und die Frage ist, wie kann das Geben und Nehmen sozial gerecht gestaltet werden? Denn die Talente sind individuell verschieden, genau wie die Bedürfnisse. Wieviel muß der einzelne beitragen, wenn er an den Waren und Leistungen anderer partizipieren will? Würde man jetzt Mengen angeben, Maße etc., so gäbe es immer solche Menschen, die weit mehr leisten könnten, als verlangt wird, aber auch immer solche, die das angegebene Maß nicht erreichen. Sollen die nun weniger Mittel zur Befriedigung ihrer Bedürfnisse erhalten als andere? Gewiß doch wohl nicht. Sie sollen – wie alle anderen auch – bekommen, wessen sie bedürfen. Gerecht wird es nur, wenn jeder alles gibt, was er kann, sofern dies sinnvoll ist. Dann wird der Talentierte mehr leisten als der Unfähige, Kranke, Belastete. Jeder wird geben, was er kann, wozu er fähig ist. Und wer nichts geben kann, darf trotzdem nehmen, was er braucht.

Das Maß dessen, was sich der einzelne nehmen darf, richtet sich nach seinem Bedarf – nicht nach seiner Leistung. Er darf nehmen, was er braucht und wieviel das ist, bestimmt er selbst. Hier befürchten nun viele den Mißbrauch ganz zu unrecht. Gewiß, würde man das hier und heute einführen, so wäre dem befürchteten Mißbrauch Tür und Tor geöffnet. Doch das zeigt nur unsere als normal empfundene dramatische Entartung. Denn man muß bedenken, daß in einem wirklich sozialen Wirtschaftsleben die Leistenden ihren Tat-Willen an der Einsicht in die Bedürfnisse entwickeln. Der Arbeitsantrieb geht aus der Einsicht in den berechtigten Bedarf der betreffenden Menschen hervor. Will nun jemand in einer dreigliedrigen Gesellschaft eine übermäßige Leistung für sich beanspruchen, müssen sich erst Menschen finden, die sein Bedürfnis einsehen und es befriedigen wollen. Sie werden aber allem Übermäßigem widersprechen und die Leistungen nicht erbringen. Insofern wird der Luxus sich in einer solche Gesellschaft in Grenzen halten. Und damit ist die Gefahr des Mißbrauchs weitestgehend gebannt. Fassen wir das Gesetz des Gebens und Nehmens zusammen, so ergibt sich:

Indem der Mensch gibt, was er kann,
erwirbt er sich das Recht,
zu nehmen, was er braucht.

Und um noch etwas präziser zu sein, könnte man auch formulieren:

Indem der Mensch alles gibt, was er kann,
erwirbt er sich das Recht,
nur das zu nehmen, was er wirklich braucht.

Damit ist ein im wahrsten Sinne soziales, ein gerechtes Wirtschaftsleben möglich. Es setzt voraus, daß Menschen da sind, die sich einen guten Willen angeeignet haben, die produktive Moralität eines lebendigen Rechtserlebens ausgebildet haben und in einem freien Geistesleben die Ideen der Welt kennenlernen und beachten wollen. Auch wenn manches utopisch erscheint, möglich ist es doch. Wir könnten ganz gewiß einvernehmlich leben, das ist keine Frage. Stattdessen ist die eigentliche Frage: Woran liegt es, daß wir den Weg zu einem konstruktiven Miteinander, der nun seit hundert Jahren von Rudolf Steiner formuliert vorliegt, bisher nicht finden konnten? Was hat die Menschheit gehindert, diesen doch eigentlich von vielen ersehnten Weg zu beschreiten?

Teil II

Gründe für die prekäre Verfassung der Menschheit

14. Wie schlecht sind die Menschen?

Der Behauptung dieser Schrift, daß eine ideale Form des Zusammenlebens in der Dreigliederung des sozialen Organismus gefunden sei, wird ja gewiß so mancher skeptisch gegenüber stehen. Vielleicht wird er sogar sagen: Das meinen sie ja alle, daß gerade sie das richtige Rezept gefunden hätten, und er wird meinen, daß es eine ideale Lebensform gar nicht geben könne. Dazu seien die Menschen zu verschieden und zu undiszipliniert etc. Diese Meinung scheint schlüssig und den Erfahrungen zu entsprechen. Dennoch will es nicht so ganz einleuchten, daß die Schöpfung eine Natur hervorbringt, in welcher Minerale, Pflanzen und Tiere in einer wundervollen Einheit zusammenleben, aus der aber die Krone der Schöpfung, der Mensch, herausfällt und auf dem Wege ist, das Gesamte zu vernichten. Das ist nicht plausibel, wie ich versuche nachzuweisen. Gewiß ist die Natur aus Menschensicht in vielen Aspekten grausam, aber sie ist so geregelt, daß ein Maximum an Wesen leben und sich entfalten kann, ohne sich gegenseitig auszurotten. Dieses soll nun bezüglich des Menschen anders sein? Die allgemein anerkannte Auffassung dazu lautet: Es sei wissenschaftlich bewiesen, daß der Mensch von Natur aus egoistisch sei und keine Gelegenheit auslassen würde, andere zu übervorteilen, auszunutzen und zu unterdrücken. Und wenn jemand diesem Muster nicht folgt, wenn jemand freundlich, hilfreich, wohlwollend, gutherzig oder entgegenkommend sich verhält, so sei das kein Zeichen für seine Gutheit, denn in Wahrheit würden unbewußte Interessen, Absichten und Wünsche ein solches Verhalten bewirken. Dies sei nur den Menschen nicht bewußt. Im Grunde sei alles Berechnung, alles zweckgebunden – auch wenn man es noch so gut meinen würde.

In dieser Frage sind die Menschen durchaus verschiedener Meinung. Oberflächlich scheint es vielen so zu sein, wie es die Wissenschaft nahelegt. Je länger man jedoch darüber nachdenkt, desto stärker macht sich das Gefühl bemerkbar, daß man trotz aller Verfehlungen, die man begangen haben mag, nicht eigentlich wirklich im Kern ein schlechter Mensch ist. Gewiß manches und vielleicht sogar vieles ist schief gelaufen. Aber eigentlich hat man es nicht so gewollt. Man merkt, daß da durchaus ein guter Kern in einem steckt, der aus welchen Gründen auch immer in gewissen Momenten von anderen Antrieben überwältigt wurde. Aber, was auch immer geschah, er ist doch vorhanden. Man spürt ihn, man kennt ihn und man sollte unbedingt an ihn glauben.

Und schaue ich diesbezüglich meine eigene »Karriere« an, so blicke ich auf ein ansehnliches Sündenregister zurück. Darauf kann ich gewiß nicht stolz sein. Aber ich habe viele der Untaten als solche bemerkt, erkannt und das meiste davon bereut, einige sogar wieder auszugleichen versucht und ich bedaure all das im nachhinein immer wieder. Und ich denke, so wird es vielen Menschen gehen. Sie erkennen durchaus ihre Fehltritte und bereuen diese. Warum, wenn doch der Mensch von Natur aus böse ist? Es mag gewiß solche Menschen geben, aber das kann nicht verallgemeinert werden. Ja, es ist eigentlich sogar ein Verbrechen, solche Auffassungen zu verallgemeinern, sie als wissenschaftlich erforschtes Wissen hinzustellen. Es ist ein vollkommenes Mißverständnis mit verheerenden Folgen, anzunehmen, der Mensch sei aufgrund seiner Verfehlungen minderwertig, der Freiheit nicht würdig und müsse daher mit Gewalt regiert werden. Das wäre nämlich die Schlußfolgerung aus dieser wissenschaftlichen Auffassung, und es ist auch die Auffassung gewisser Kreise, die gewillt sind, die Menschheit einem solchen Gewalt-Regime zu unterwerfen. Man mache sich klar, daß doch darin gerade der Sinn des Menschen besteht, daß er lerne, sich über die zwanghaft dogmatisch von Göttern gelenkte Natur zu erheben. Die über sechshundert Gebote, die Moses auf dem Sinai empfing, waren der erste Schritt zur Befreiung der Menschheit. Sie verlagerten das Moralische aus den Instinkten in das Denken. Von da an mußte ein jeder das Gesetz befragen, wenn er handeln wollte, ob seine Absichten den Gesetzen entsprachen oder nicht. Der Gott, der vorher die Menschen mit abnehmender Intensität über die Instinkte gelenkt hatte, der Sohnesgott, der die gesamte Erdenentwicklung leitet, griff nun immer weniger über seine Helfer-Wesen in den einzelnen Menschen ein und überließ ihn schrittweise einer ersten Art Freiheit. Das ist die sogenannte Sünde, die Sonderung des Menschen von Gott, die natürlich mit der Verfehlungsmöglichkeit zusammen auftreten muß, um einen Lerneffekt zu bewirken zur Selbständig-Werdung eines jeden Menschen. Der Gott war nun im Gesetz gewissermaßen auf die Erde gekommen. Aber dann wurde in einem zweiten Schritt der Mensch endgültig befreit. Der Sohn selbst stieg jetzt in den Menschen hinein. Das Sohnes-Gottes-Ich zog mit der Taufe in den Jesus-Menschen ein, machte die alte Einweihung durch, ging durch Fußwaschung, Geißelung und Dornenkrönung hindurch, starb dann am Kreuz und erstand in jeder Menschenseele wieder auf. Die Fähigkeit das moralisch Angemessene zu finden, aus der heraus der Sohn bzw. der Logos einst die Menschheit über die Instinkte führte, dann auch das mosaische Gesetz geschaffen hatte, lebt jetzt in jeder Menschenseele als Potential, als Talent, als Möglichkeit, als die schöpferische Moralität. Die äußere Gottes-Führung existiert nicht mehr. Der Mensch ist jetzt angewiesen darauf, dieses Talent in sich anstelle der äußeren göttlichen Führung zu benutzen. Wir sind jetzt ein J-CH, ein Ich, ein J-esus-CH-ristus. Da ist er in uns drinnen, aber er führt uns nicht, denn gerade das sollen wir selbst lernen zu tun. Wir sollen lernen Gott zu ersetzen, ja, selbst göttlich zu werden. Genau das ist der Sinn und Inhalt des wahren Christentums, von welchem man uns mit aller Macht, z. B. durch die Kirche, fernzuhalten versucht. Und hier liegt erst der Grund für die fatalen Weltverhältnisse. Der Christus hat jeden Menschen erneuert. Doch liegt es beim Einzelnen, dies zu verwirklichen. Gewissermaßen die Nachfahren des Establishments der alten, vorchristlichen Menschenführung, die Könige, der Adel und die Priester mitsamt der alten Einweihung und den Kulten lebt auch heute noch unter uns in den unzähligen Geheimgesellschaften, den Logen und Orden, und versucht die Freiwerdung und Gottwerdung der Menschen zu verhindern, um die unzeitgemäße Form der Macht über die Massen für sich zu erhalten. Denn heute ist niemand mehr berechtigt, über andere Macht auszuüben. Die früher notwendigen Fähigkeiten der alten Menschenführung warten durch die Opfertat des zum Christus auferstandenen Sohnes nun in jeder Seele auf ihre Erweckung, auf ihre Auferstehung, doch die genannten Kreise haben dies bis heute zu verhindern verstanden. Und indem dies begriffen, wirklich in aller Tiefe verstanden wird, erwächst uns die Kraft, die Mächte des Alten zu widerlegen und auszuschalten. Der alte Mensch muß am Kreuz sterben. Erkennt man den Neuen Menschen in sich nicht, so wird es ein endgültiger Tod sein. Erkennt man ihn in sich und folgt seiner Erweckung, so wird es eine Auferstehung geben können – für jeden Einzelnen. Das ist die Frohe Botschaft des Christus, die Rudolf Steiner erforscht und als erster in zeitgemäßen Gedanken veröffentlicht hat.

Diese Auskunft steht im krassen Widerspruch zu der auf dem Darwinismus fußenden wissenschaftlichen Auffassung der Gegenwart von der zwangsläufigen Schlechtigkeit des Menschen, die sich in der westlichen Welt durchgesetzt hat, weshalb sich die meisten auch nicht mehr wundern, wenn das Weltgeschehen nach diesem Muster abzulaufen scheint.

An dieser Stelle möchte ich nun an Sie, lieber Leser, die Aufforderung richten, einmal in sich zu schauen und sich zu fragen, ob Sie der aus der Wissenschaft hervorgehenden These zustimmen oder ob Sie nicht doch das Gute in sich selbst entdecken und dieser These widersprechen. Denn ich möchte behaupten, daß jenes zu beobachtende Übermaß des Bösen in der heutigen Welt vor allem seinen Ursprung darin hat, daß wir mit Macht vom Erkennen der wahren Zusammenhänge abgehalten wurden.

Wir haben jetzt die Dreigliederung des sozialen Organismus rein theoretisch angeschaut, ohne die Weltsituation, in der wir konkret leben, dabei besonders zu berücksichtigen. Im Folgenden soll nun das Erarbeitete von der Seite der Ermöglichung, der Durchführbarkeit her noch einmal angeschaut werden. Dabei werden noch diverse Aspekte Erläuterung bzw. Erweiterung finden. Unsere Frage lautet also jetzt: Was fehlt im gegenwärtigen Staats- bzw. Staaten-Gebilde – wobei sich diese gerade in einer Art Auflösung oder Umformatierung befinden –, an Voraussetzungen für ein einvernehmliches Zusammenleben?

15. Es fehlt das Bewußtsein von der noch immer ungelösten sozialen Frage

Zu Zeiten Rudolf Steiners war die soziale Frage vor allem im Bewußtsein des Proletariats fest verankert. Die bürgerlichen Kreise aber versäumten – wie Rudolf Steiner es darstellt – in sträflicher Weise sich dieser Frage zu widmen. Ende der sechziger Jahre des 20. Jahrhunderts flammte die Frage in den Reihen der Linken noch einmal auf. Fragt man heute danach, so kommen die Menschen nur sehr zögerlich darauf, worin die Frage wohl bestehen möge. Und Sie, lieber Leser, haben Sie eine Idee, worin sie besteht? Aber vielleicht geht es Ihnen auf, wenn Sie zunächst versuchen die folgenden Fragen zu beantworten.

Was bedeutet Proletariat?

Nun, es handelt sich beim Proletariat ja gewiß um die arbeitende Bevölkerung. So würde man vielleicht antworten und damit wiederum den Hauptaspekt verschlucken. Denn worauf es ankommt ist, zu sagen: Proletarier sind jene Menschen, welche darauf angewiesen sind, ihre Arbeitskraft zu verkaufen um versorgt zu sein. Das ist etwas ganz anderes als nur arbeiten. Ich verkaufe meine Leib-, Seelen- und Geisteskräfte, um zu erhalten, was sowieso mein Recht ist, die Mittel zur angemessenen Versorgung. Ich korrumpiere die Geschenke der kosmischen Hierarchien, die Massen von Lebenskräften, die ich in jeder Sekunde aus dem Kosmos empfange. Ich entwerte sie, indem ich das, was ich daraus mache, meine Arbeitskraft, gegen Geld verkaufe. Ich wandle die in den Geschenken waltende Liebe um in Macht über andere. Geld ist Macht, wenn man damit Arbeit bezahlt. Und daß das nicht so sein dürfte, wurde ausführlich besprochen. Es muß uns also klar werden, in welcher gesellschaftlichen Schieflage wir uns permanent befinden. Aber fragen wir weiter.

Was bedeutet Bourgeoisie?

Der Bourgeois ist nicht nur einer, der nicht vor den Mauern der Burg wohnen muß, sondern in der Burg sich aufhalten darf – also ein Bürger oder Burgherr. Er ist einer, der von der Arbeit anderer lebt ohne selbst im sozialen Organismus Hand anzulegen. Er oder ein Vorfahre hat sich Machtmittel über das Verhalten des Proletariats erworben. Ihm gehört die Burg. Er besitzt Kapital in Form von Produktionsmitteln und/oder Finanzen. Auch daß dies nicht so sein dürfte, wurde gründlich dargestellt. Nun wird es nicht zu vermeiden sein, daß Sie sich einer der beiden Lager zuordnen und ich vermute, daß die meisten Leser sich als Mitglied des Proletariats bezeichnen müssen. Das wird nicht jedem gefallen, doch es entspricht den Tatsachen. Und an dieser Stelle muß klar werden, daß durch das Mysterium von Golgatha die Menschheit in der Weise begabt worden ist, daß von einem gewissen Zeitpunkt an, der weit hinter der Gegenwart liegt, niemand mehr das Recht hat, sich mit irgendeiner Macht über andere zu erheben. Wer dem zuwider handelt, begeht Unrecht. Das wäre praktiziertes Christentum im Gegensatz zum Kirchentum. Man würde dem folgen, was man als durch den Christus in sich veranlagt vorfindet, wenn man sucht.

Schauen wir uns aber in der Gegenwart um, so finden wir, daß diesem für unsere Zeit geltenden allerheiligsten Grundsatz auf allen Gebieten des Lebens massivst zuwider gehandelt wird. Es ist noch kein Funken Christentum in dem, was als offizielle Lebensform von den Betreibern des Systems veranlagt wurde, enthalten. Deshalb sind wir von der Möglichkeit, die im ersten Teil beschriebene ideale Lebensform irgendwie einzuführen, zu praktizieren, noch so unendlich weit entfernt. Und was meinen Sie, wird die Bourgeoisie tun, wenn wir ihr dies hier vorlegen? Wird sie sagen: »Entschuldigt bitte, ihr habt ja recht, wir haben nicht genug darüber nachgedacht.« Oder werden sie fortfahren, sich Abkassier-Einrichtungen zu schaffen, Macht-Apparate, Armeen, Geheimdienste, Terroristen, Lobby-Organisationen, Nachrichten-Dienste, NGOs, Regierungen, Parteien usw. zu schaffen, um ihre Vormachtstellung zu erhalten? Aber damit haben wir die soziale Frage aktualisiert. Sie ist nach wie vor ungelöst, aber weiter zugespitzt als z. B. 1918 oder 1945 und sie harrt ihrer Lösung. Wenn wir heute die Staaten-Konstrukte anschauen, dann starrt man als Proletarier von außen auf die Burgmauern der Bourgeoisie und hört wie man einem dazu sagt: »Dies ist eure Burg, ihr seid in ihrem Inneren, ihr habt sie selbst gebaut, die Mauern schützen euch. Wer aber sagt, ihr seid außerhalb der Mauern, stört die öffentliche Ordnung und muß entfernt werden!«

16. Es fehlt die Möglichkeit, ein freies Gedankenleben zu praktizieren

Gerade das, was jetzt besprochen werden soll, ist es, was mir stets gefehlt hat bei all den wirklich klugen Büchern, die Anthroposophen zum Thema des dreigegliederten sozialen Organismus schon veröffentlicht haben. Man schreibt die wichtigen Erkenntnisse Rudolf Steiners in einer Weise hin, als wäre es tatsächlich möglich, das alles zu verwirklichen, als müßten die Politiker, Wissenschaftler, Medien- und sonstigen Fachleute es einfach nur einmal zur Kenntnis nehmen und durchsetzen wollen, dann würde es schon funktionieren. Von daher ist die Antwort auf unsere Frage einfach und verstörend zugleich, denn der Grund für das unfriedliche Zusammenleben der Menschen liegt zunächst einmal darin, daß wir Menschen – von gewissen Ausnahmen abgesehen – noch nie die Gelegenheit hatten, ein einvernehmliches Miteinander zu versuchen. Denn um das zu können, müßten wir Menschen der Gegenwart wirklich frei sein, unsere Lebensform in gemeinsamer Absprache selbst zu bestimmen. Das ist derzeit und war bisher immer vollkommen unmöglich. Stets hat es Menschen bzw. Menschengruppen gegeben, die uns im alttestamentarischen Sinne das Was und das Wie vorgaben. Wenn es aber Menschen gibt, welche die Macht besitzen, uns die Lebensform in den wichtigsten Punkten zu diktieren, dann sind sie nicht gleich mit uns, dem Volk, vor dem Gesetz. Aber das darf es in einer funktionierenden Dreigliederung nicht geben. Freilich wird sich mancher wundern über diese Angaben und fragen, wieso es machtausübende Menschen geben soll, welche namensmäßig unbekannt sind. Die Antwort lautet: weil sie sich geschickt verbergen und propagieren, daß es sie selbst nicht geben könne. Wer so etwas behaupte, sei ein Verschwörungstheoretiker – also unglaubwürdig – denn, das wisse doch jeder: Verschwörungen gäbe es nicht. Stattdessen wird propagiert, wir lebten in einer Demokratie, alles was geschähe, sei der Wille des souveränen Volkes. Diese Menschen haben sich aus ihrer Machtfülle heraus die Einrichtungen geschaffen, durch welche sie ihre Interessen in die Parteien und Parlamente bringen, damit diese durchgesetzt werden. Nichts anderes ist die mehr oder weniger den Betreffenden bewußte Aufgabe der Politiker und Journalisten: die eigentliche Machtelite zu verbergen und deren Interessen als »im Namen des Volkes« in den Parlamenten legitimieren zu lassen. Selbstverständlich wird das, was geschieht, stets als der beste, von Experten erarbeitete, als alternativlos bezeichnete Weg dargestellt, den Herausforderungen des modernen Lebens zu begegnen. Und das Leben gibt der Elite recht, denn das Volk ist damit zufrieden – zumindest war es das bis heute.

Aus dieser Betrachtung wird deutlich, die Repräsentanten, die Politiker und Funktionäre herrschen nicht, sie handeln auf Anweisung. Sie handeln nach den Vorgaben eines ganz bestimmten Machtprinzips, das nicht personifiziert hervortritt. Horst Seehofer z. B. hatte sinngemäß bemerkt, **die gewählt sind hätten nichts zu sagen. Die zu sagen haben, seien nicht gewählt.** Ähnliche Aussagen anderer gibt es diverse. An solchen Beispielen wird klar: Die vielzitierte Souveränität ist eine Illusion. Wir nehmen die Maßnahmen des Staates einfach so hin, ohne nachzuforschen, was die wirklichen Absichten hinter den Vorhaben sind, und die Nutznießer wissen, daß wir uns nicht wehren. Es gibt keine Freiheit, keine Demokratie, keine Selbstbestimmung. Wohl ist es Einzelnen möglich aufgrund ihres Vermögens ihr eigenes Tun und Lassen in einem gewissen Rahmen selbst zu bestimmen. Aber darum geht es nicht. Auch sie können ihr Zusammenleben mit den anderen nicht frei gestalten, sondern müssen sich den herrschenden Verhältnissen unterordnen. Sie sind nur insofern »frei«, als sie wirtschaftlich nicht von Geldgebern abhängig sind und von daher nicht zu unliebsamen Tätigkeiten gezwungen werden können. Das ist aber nur eine Scheinfreiheit. Und hier kommt noch ein anderer Dreigliederungsgedanke auf.

Wer aufgrund seines Vermögens nicht arbeiten muß, ist, wenn er nicht auf andere Weise helfend tätig ist, massiv gehindert sich adäquat in die Gemeinschaft einzubringen. Das ist – aus geistiger Perspektive geschaut – viel schlimmer, als eine »Sklavenarbeit« verrichten zu müssen. Denn seine Talente, seine Arbeitskraft nicht der Gemeinschaft zur Verfügung zu stellen, erzeugt einen mindestens ebenso starken Mangel wie ein Versorgungsentzug, wie ohne Essen und Trinken leben zu müssen. Dies liegt daran, daß unsere Länder, unsere Gemeinwesen, tatsächlich geistige Organismen sind.

Man mache sich das nur ausführlich klar. Ein Mensch, der nicht arbeitet, ist zu vergleichen mit einem, der nur einatmet. Daran wird deutlich, daß also diese auf Vermögen basierende Schein-Freiheit nicht gemeint sein kann, wenn von Freiheit im Geistesleben gesprochen wird. Denn die finanzielle Unabhängigkeit wirkt ja vor allem im Wirtschaftsleben, insofern sie den Betreffenden vom Mittun am sozialen Organismus freistellt, was aber niemals zu seinem Guten sein kann. Es müßte sich eben unbedingt jeder bemühen, sich auf irgendeine Weise in den sozialen Organismus einzubringen.

Der Schluß, der sich bezüglich des Geisteslebens aus all dem ergibt, kann nur der sein: Wer ein freies Geistesleben einführen will, wird warten müssen auf bessere Zeiten. Denn bisher war es den Völkern noch in keiner Weise möglich, ihre Lebensform selbst zu bestimmen. Und für die Zukunft sieht es momentan auch nicht ansatzweise so aus, als würde sich daran etwas ändern – im Gegenteil, wir steuern mit großen Schritten auf Diktatur und Tyrannei zu. Immerhin hatte Rudolf Steiner gehofft, nach dem verlorenen Weltkrieg einen Neuanfang versuchen zu können. Und wenn seine Mitmenschen und Mitarbeiter dies in der rechten Weise hätten aufnehmen können, wäre es sicher auch durchführbar gewesen. Doch der erste Weltkrieg war ja gerade von westlicher Seite angestrengt worden, um das Aufnehmen der Geisteswissenschaft Rudolf Steiners durch die Bevölkerung Mitteleuropas zu verhindern und die Gedankenknechtschaft zu erhalten und zu verstärken. Mit anderen Worten: das freie Geistesleben zu verhindern. Insofern müssen wir uns auch nicht wundern, daß ein solches bisher noch nicht möglich war und vorerst auch nicht sein wird. Schauen wir uns dazu einige Ausführungen Rudolf Steiners an.

In dem zitierten Vortrag wird die Forderung nach einem freien Geistesleben in einen abhängigen Zusammenhang mit der Sozialisierung, mit der Brüderlichkeit im Wirtschaftsleben gebracht. Daher sei auch dies noch einmal ausgesprochen: Die Dreigliederung des sozialen Organismus entfaltet natürlicherweise ihre segensreiche Wirkung nur, wenn die drei Faktoren gleichermaßen verwirklicht sind. Ein freies Geistesleben, ein auf Gleichwertigkeit basierendes Rechtsleben und ein soziales, auf Menschenliebe aufgebautes Wirtschaftsleben. Hier nun Rudolf Steiner:

186/4/25

»Aber diese Sozialisierung ist nicht möglich - das wird Ihnen aus mancherlei Betrachtungen, die wir hier auch schon angestellt haben, hervorgehen - ohne daß ein anderes sie begleitet. Sozialisierung kann sich nur beziehen auf die **äußere Gesellschaftsstruktur.** *Die kann aber in unserem fünften nachatlantischen Zeitraum eigentlich nur in einer Bändigung des denkerischen Bewußtseins bestehen, in einer Bändigung der antisozialen menschlichen Instinkte. Es muß also durch die soziale Struktur gewissermaßen eine Bändigung der antisozialen Vorstellungsinstinkte geschehen. Das muß eine Widerlage haben, das muß durch irgend etwas ins Gleichgewicht gebracht werden. Ins Gleichgewicht aber kann das nur gebracht werden dadurch, daß alles, was aus früheren Zeiträumen - in denen es berechtigt war - an Knechtung der Gedanken, an Überwältigung der Gedanken eines Menschen durch den anderen stammt, daß das mit der zunehmenden Sozialisierung aus der Welt geschafft wird. Daher muß die Freiheit des Geisteslebens neben der Organisierung der wirtschaftlichen Verhältnisse, der ökonomischen Verhältnisse, in der Zukunft stattfinden.* **Diese Freiheit des Geisteslebens allein macht möglich, daß wir wirklich von Mensch zu Mensch so stehen, daß wir in dem andern den Menschen sehen**, *der vor uns steht,* **nicht den Menschen im allgemeinen**. *Ein Woodrow Wilsonsches Programm redet vom Menschen im allgemeinen. Aber diesen Menschen im allgemeinen, diesen abstrakten Menschen gibt es nicht. Was es gibt, ist immer nur der einzelne, individuelle Mensch. Für den können wir uns nur wiederum als ganze Menschen, nicht durch das bloße Denken interessieren. Wir löschen das, was wir von Mensch zu Mensch entwickeln sollen, aus, wenn wir wilsonisieren, wenn wir ein abstraktes Bild des Menschen entwerfen. Das Wesentliche, worauf es ankommt ist, daß zur Sozialisierung in der Zukunft die* **absolute Freiheit der Gedanken** *tritt;* **Sozialisierung ist nicht denkbar ohne Gedankenfreiheit**. *Daher wird die Sozialisierung verknüpft sein müssen mit der* **Ausmerzung aller Gedankenknechtschaft** *- sei diese Gedankenknechtschaft kultiviert durch das, was gewisse Gesellschaften der englisch sprechenden Bevölkerung treiben, die ich Ihnen hinlänglich charakterisiert habe, oder durch den römischen Katholizismus. Beide sind einander wert, und es ist außerordentlich wichtig, daß man die innere Verwandtschaft dieser*

beiden ins Auge faßt. Es ist außerordentlich wichtig, daß besonders in bezug auf solche Dinge heute keine Unklarheit herrscht.«

186/5/29
*»**Die** Menschen waren bisher getrennt. Sie sollen in **Brüderlichkeit** sich **sozialisieren**. Damit die Mannigfaltigkeit nicht verlorengeht, muß gerade das, was innerstes Element ist, der **Gedanke**, in jedem **individuell** sich gestalten können. Mit Jahve stand das ganze Volk in Beziehung, Mit Christus muß jeder einzelne in Beziehung stehen.«*

Damit spricht Rudolf Steiner ein ganz besonderes Element an, welches heute noch kaum gekannt oder gewußt wird. Und zwar geht es um den eigentlichen Menschen, die Individualität. Worin besteht sie und wie oder wo zeigt sie sich? Die Antwort ist leicht zu geben. Das Individuelle ist wie der Einzelne geartet ist von seiner Natur und seinem Charakter her, wie er informiert und ausgebildet ist, auf die Situationen seines Lebens zu reagieren, welche Erkenntnisse er zu erlangen fähig und gewillt ist, mit anderen Worten, wie er aus seinem So-Sein heraus lebt. Und hier sehen wir schon, wo und wie eine Beeinflussung möglich ist, die dem ganzen Leben eines Menschen unfreiwillig eine bestimmte Richtung geben kann. Jedenfalls kommt es im Sozialen Miteinander sehr darauf an, daß man dem anderen nicht nur äußerlich begegnet, sondern daß man auf die Individualität trifft und sich mit dieser auseinandersetzt. Wann aber trifft man auf diese Individualität? Man findet sie im Besonderen dann unverstellt vor, wenn der Betreffende das freie Geistesleben praktiziert. Wenn er in keiner Weise gehemmt oder gehindert ist, aus dem freien Fluß seiner Gedanken sein Leben zu gestalten. Solange er Befehle ausführt, weil er nur dann das zur Versorgung nötige Geld erhält, ist es nicht die Individualität, sondern der allgemeine, untergeordnete Mensch. In der gegenwärtigen Kultur treffen wir daher vorwiegend auf die unter den verschiedensten Zwängen und Unwahrheiten agierende Persönlichkeit, die unter dem unfreien und unwahren Geistesleben ihr Individuelles nur sehr beschränkt auszuleben vermag. Wir begegnen uns also noch gar nicht in der Weise, wie es für das Funktionieren eines dreigegliederten sozialen Organismus nötig wäre. Noch viel zu sehr sind wir geprägt von Unfreiheit und Unwahrheit im Geistesleben, als daß wir wissen könnten, wie die wirkliche Freiheit sich auswirken würde. Aber dieses freie Gedankenleben und das freie Verfügen über seine Fähigkeiten und Möglichkeiten sind der Inhalt der angestrebten Freiheit. Und noch einmal will ich darauf hinweisen, daß die Freiheit nicht als eine Aufforderung zum Egoismus im Gedankenleben verstanden werden darf. Vielmehr sollte die Achtsamkeit darauf gerichtet sein, sich stets freilassend den anderen gegenüber zu äußern, auch als Pädagoge. Bedrückend ist, daß dieser gedankliche Egoismus vielfach bei den Fachleuten und vor allem den Wissenschaftlern zu finden ist, bei den Gelehrten des staatlichen Bildungswesens. So sehr deren Wissen und Können anzuerkennen ist, so wenig darf es ein Monopol des Lehrauftrages geben. All das muß frei sein. Es darf niemand bestimmen wollen, was ich zu lernen habe. Es kommt nur auf das an, was ich zu lernen interessiert bin. Das, was die Menschen im Geistesleben von den Wissenden miterleben wollen, daß allein muß der Inhalt sein, der gelehrt wird, nicht was Fachleute bestimmen. Der wird der Lehrer sein, der Professor, dem die Menschen gern zuhören, wenn er sie an seinem Wissen, seinem Können teilnehmen läßt, weil sie es lieben, von ihm in Kenntnis gesetzt zu werden, weil sie spüren, wie sich sein Wissen und Können auf sie überträgt. Über diese Art der Lehr-Kunst im freien Geistesleben kann es keine Zertifikate und Graduierungen geben. Ich sage nicht, daß es nicht auch im heutigen Lehrbetrieb derartige Menschen gibt, sondern nur, daß dies das entscheidende Kriterium sein sollte. Das gesamte Bildungswesen muß vollkommen befreit werden vom gedanklichen Egoismus, von gedanklicher Machtenfaltung und vom Einfluß durch das Rechts- und Wirtschaftsleben. Und weil gerade diese Aussagen Zweifel bei einigen Lesern hervorrufen werden, sei auch hier das entsprechende Zitat wiedergegeben.

328 Seite 63f
»Das, was geistiges Leben ist, muß mit einer relativen Selbständigkeit dastehen, es muß nicht nur auf die innere Freiheit des Menschen gestellt sein, sondern es muß so innerhalb des sozialen Organismus dieses geistigen Lebens stehen, daß es auch in völlig freier Konkurrenz gestellt ist, daß es auf keinem Staatsmono-

pol beruht, daß dasjenige, was das geistige Leben als Geltung sich verschafft bei den Menschen – was es für den einzelnen individuellen Menschen für eine Geltung hat, das ist eine andere Sache, wir reden von der Gestaltung des sozialen Organismus –, daß das auf völlig freier Konkurrenz, auf völlig freiem Entgegenkommen den Bedürfnissen der Allgemeinheit einzig und allein sich offenbaren kann. Mag irgend jemand in seiner Freizeit dichten, so viel er will, mag er auch Freunde finden für diese Dichtung, so viel er will – das, was berechtigt ist im geistigen Leben, ist allein das, was die anderen Menschen miterleben wollen mit der einzelnen menschlichen Individualität. Das aber wird auf eine gesunde Basis nur gestellt, wenn man alles geistige Leben, alles Schul- und Universitätsleben, alles Erziehungsleben und alles Kunstleben des staatlichen Monopolisierungscharakters entkleidet und auf sich selbst stellt.«

Die Menschheit lebt also auch deshalb in dauerndem Unfrieden, weil die Freiheit im Geistesleben, die Gedankenfreiheit und das freie Verfügen über die Mittel zur Umsetzung seiner Fähigkeiten als Gegengewicht zum Sozialismus, zur Brüderlichkeit im Wirtschaftsleben, derzeit nicht existiert. Wollten wir Frieden in der Welt, so müßten wir mit der Freiheit im Gedankenleben beginnen. Sie ist die Grundvoraussetzung für ein gedeihliches Miteinander. Aber das ist es, was zunächst einmal gelernt werden muß: Ein gedeihliches Miteinander freier Menschen ist systemseitig absolut nicht gewollt. Diejenigen, welche hier und heute die Zügel in der Hand halten, streben das Gegenteil an. Und sie haben gute Aussichten, ihr Ziel zu erreichen, indem sie geschickt ihre Absichten verbergen und die Menschen glauben machen, daß alles alternativlos so sein muß, wie es die Experten erforscht und entwickelt haben. Die Alternative bildet sich nur in dem Maße, als Menschen beginnen diese Zusammenhänge zu durchschauen. Es wäre daher zu wünschen, daß nicht einfach nur an die Dreigliederung geglaubt wird, sondern daß man sich soweit anthroposophisch bildet, daß man sie innerlich als das Adäquate erlebt.

Ein freies Gedanken- und Ideenleben ist in diesem Zeitalter auch deshalb unumgänglich, weil der göttlich-geistige Kosmos die Menschheit nicht mehr gewaltsam von oben herab führt und entwickelt, wie in alter Zeit. Er sieht stattdessen vor, daß der heutige Mensch sich um seine Weiterentwicklung selbst bemüht. Und das geschieht nur, wenn er im Gedankenleben vollkommen befreit ist. Das klingt vielleicht ein wenig übertrieben. Man wird meinen, wir seien doch so ziemlich frei in unseren Gedanken. Aber das ist ein schrecklicher Irrtum. Wir stehen unter dem gewaltigen Zwang, eine große Menge von Gedanken anerkennen zu müssen, wenn wir dazugehören und beruflich und privat nicht ausgegrenzt werden wollen. Kritisches Hinterfragen führt heute fast immer zur Ausgrenzung bis hin zu gewaltsamen Angriffen und Strafverfolgung. Wir müssen uns aber darüber klar sein, daß wenn es irgend eine unredliche Einflußnahme auf die Freiheit im Geistesleben gibt, wenn z. B. aus Macht- oder Geschäfts-Gründen Unwahrheiten verbreitet oder Wahrheiten behindert oder beeinflußt werden, dann verstopfen die geistigen Quellen aus denen wir unser Leben gestalten müssen. Dann stagniert die menschliche Entwicklung und wir verlieren den Anschluß an den Kosmos, an die Götter, an den Schöpfungsplan. Denn nur die freie geistige Produktion, das freie schöpferische Gedankenleben, verbindet uns in aktiver Weise mit der geistigen Welt, mit den Plänen und Kräften der Götter, die heute auf unsere Initiative angewiesen sind. Insofern würde der von der Gedankenknechtschaft Befreite gewissermaßen übergehen von einer Kultur der erlernten Antworten aus unfrei erworbenen Gedanken, in der wir derzeit gezwungen sind zu leben, zu einer Kultur des Fragens. Er stellt seine Fragen ganz bewußt und mit Nachdruck in die Welt, ohne jedoch selbst sich an den Antworten zu versuchen. Er empfängt moralische Intuition als Hilfen aus der geistigen Welt und wird so auf ganz andere Wege geführt als jene, die heute üblicherweise beschritten werden. Durch das Leben in Fragen an die Welt erhält man intuitiv einen Strom von Antworten, die den Lebensweg beleuchten. Sie treten auf als neue Erkenntnisse, die man unbedingt zur Ausführung bringen will. Man merkt, sie kommen wie von außen, aber sie sind gleichzeitig das Aller-Eigenste, das man hat.

Jeder, der nach dieser Maxime lebt, trifft früher oder später auf jenen Lebens-Plan, den er lange vor seiner Geburt als Geist in der geistigen Welt sich für das Erdenleben vorgenommen hat. Dieser Plan existiert, wird aber durch die heutige Un-Kultur oft nur ungenügend erkannt und verwirklicht. Nicht nur die betreffenden Menschen werden so um ein erfülltes Leben gebracht, sondern vor allem auch die Gemeinschaft muß auf unzählige hilfreiche Beiträge all jener verzichten, die ihren Lebensplan nicht finden oder nicht in ausreichendem Maße verwirklichen können.

17. Es fehlt das Verständnis von Denken, Geist und Sinn

Obwohl diese Themen schon an verschiedenen Stellen dieser Schrift recht ausführlich behandelt worden sind, seien sie hier noch einmal von einem besonderen Aspekt aus angeschaut.

Was ist das Denken?

Schon die gewöhnliche Vorstellung vom Denken, die der Naturwissenschaft folgend das Gehirn als Produzenten der Gedankeninhalte sieht, macht das Begreifen der Notwendigkeit eines freien Gedanken- und Ideen-Lebens weitgehend unmöglich. Wenn mein Gehirn der subjektive Produzent meiner Gedanken ist, was soll sich mir durch Fragen und Erwägen innerhalb des freien Geisteslebens schon besonderes ergeben? Wäre meine Gehirn tatsächlich die Quelle meiner Gedanken, woher sollen dann Antworten mir erscheinen, die außerhalb meines Wissens liegen? Wie soll ich neue Ideen bekommen oder gar moralische Intuitionen? Und da ich ja sowieso keine »Leuchte« bin, welchen Wert soll das schon haben, was mein Gehirn hervorbringt? Es kann ja nur hervorbringen, was schon drin ist – oder?

Die Gehirntheorie schneidet den Menschen von der geistigen Welt brutal ab, durchtrennt die Verbindung zu der göttlich-geistigen Sphäre der Weltideen, der Schöpfung, und läßt die derzeitige Inkarnation zumindest in dieser Hinsicht scheitern. Und hier kann schon deutlich werden, warum das unfreie, dogmatische Geistesleben mit aller Macht durchgesetzt wird, denn der staatlich verordnete Materialismus verhindert, daß der Mensch wird, was er nach Rudolf Steiners Forschung zu werden veranlagt ist: ein freier Geist, ein Souverän, ein König und Eingeweihter. Und wer tief genug in sich schaut, findet das ja alles bestätigt. Unsere Erziehung dagegen bewirkt, daß der Geist nicht mehr begriffen wird. Wo man auch hinhört, niemand weiß zu sagen, was Geist eigentlich ist. Wie soll man da mit der Forderung nach einem freien Geistesleben umgehen?

Das Denken muß also erst einmal als das Schaffen des der Welt zugrundeliegenden Geistes in Form einzelner Ideenwesen, zu denen auch jeder einzelne Mensch gehört, aufgefaßt werden, ehe man die Gedanken der Dreigliederung verstehen kann.

Was ist Geist?

Geist ist das Gegenteil von Materie und zwar das Ideenhafte, das einer jeden Welterscheinung zugrunde liegt. Jede materielle, aber auch jede sonstige Welterscheinung ist die Folge einer wirksamen Idee, eines tätigen Ideenwesens. Damit eine Erscheinung sein kann, braucht es immer eine Idee, einen Geist. Aber diese Idee muß auch die Fähigkeit besitzen, die Erscheinung, für die sie die Idee ist, zu bewirken, sie hervorzubringen. Insofern sendet jede dieser Weltideen als tätiges Wesen eine Kraft aus, welche die Erscheinung bewirkt. Diese Kraft ist das Denken, das eigentliche Denken, an welchem wir teilnehmen. Der Kosmos denkt seine Erscheinung bzw. die zahllosen Ideenwesen, die in ihrer Gesamtheit den Kosmos ausmachen, denken jedes ihre Erscheinungen. Jeder Mensch, jedes Tier, jede Pflanze, jedes Mineral hat seine Idee, seinen Geist, hat sein tätiges Ideenwesen, welches die Erscheinung ständig hervor-denkt. Das Denken bewirkt die Erscheinung. Der Birken-Geist, die Birken-Idee, sie ist überall dort denkend tätig, wo Birken sind. Sie treibt aus dem Samen den Keim hervor, sie läßt durch ihr Denken die Birken wachsen und gedeihen. Und sie wirkt selbst im toten Birkenholz noch nach. Die Pflanzen und Tiere haben Gattungsgeister. Ein Ideen-Wesen pro Gattung. Die Menschen sind insofern keine Gattungswesen, als jeder seine eigene Idee hat bzw. ist. Das Ich, die Persönlichkeit, ist der Repräsentant einer umfänglichen Geist-Organisation, welche man als die schaffende Idee eines jeden Menschen bezeichnen kann, die ihn permanent denkt, ihn damit konstituiert, den Stoffwechsel bewirkt und ihn als Mensch leben läßt. Dieser Geist ist der eigentliche Mensch. Nur ein Teil dieser Ich-Organisation ist uns bewußt als unser Ich, als unser Selbstbewußtsein. Und Selbstbewußtsein ist die Fähigkeit, das eigene Bewußtsein zu bemerken – mit anderen Worten: das Bewußtsein vom Bewußtsein. Das ist in Kürze gefaßt der Geist, so wie ich ihn durch Rudolf Steiner verstanden habe. Aber wer versteht das, wer weiß davon? Wie also soll die Forderung nach Freiheit im Geistesleben von einer ausreichenden Anzahl von Menschen verstanden werden, wenn niemand versteht, was Geist ist? Der Kosmos hat einen Plan, den göttlich-geistigen Schöpfungsplan. Er wartet darauf, daß wir durch fragendes Denken innerhalb eines freien Geisteslebens bestimmte Ideen finden, empfangen und umsetzten können. Da aber kein freies Geistesleben existiert, werden bestimmte, die Menschheitsentwickelung prägende Ideen nicht gefunden und verwirklicht, bzw. geheimgehalten, unterdrückt, nicht zugelassen. Wir versäumen so gewisse Entwicklungen. Das Problem besteht darin, daß wann immer wir etwas nicht in Anspruch nehmen, was für uns bereitgestellt wurde, so geraten wir neben unsere Idee, wir entfallen unserem Geist und ziehen auflösende, zerstörende Kräfte auf uns. Das ist ein Gesetz. Jede Pflanze, jedes Tier und jeder Mensch, jedes Wesen, das nicht richtig ernährt und anderweitig versorgt werden kann, wird krank und gerät schließlich, wenn keine Abhilfe geschaffen werden kann, unter Auflösung, unter Todeskräfte, weil es nicht mehr seinem Plan, seinem Geist entspricht. Und so wird es mit dem Menschen geschehen, wenn er zu sehr in Bezug auf seine Entwicklung vom göttlichen Plan abweicht. Wenn er nicht wird, was er werden sollte. Auch wir werden uns in Prozessen wiederfinden, die unsere Auflösung, unser Ableben beabsichtigen, weil wir zu sehr abgewichen sind von dem göttlichen Plan. Alles, was seinem Geist entfällt, was neben seine Idee gerät, wird zersetzt, wird gewissermaßen kompostiert – auch der Mensch, ja ggf. sogar die ganze Menschheit.

Was ist Sinn?

Von Rudolf Steiner wissen wir, daß der Mensch ein Wahrheitswesen ist und daß er mit einem Erkenntnistrieb ausgestattet ist. Die menschliche Seele ist also darauf eingerichtet, sich selbst und auch die Welt in welcher sie lebt, zu erkennen. Würde man eine Umfrage auf den Weg bringen zu der Frage, was denn wohl der Sinn des Menschenlebens sei, so würde man gewiß all jene propagierten und indoktrinierten Vorurteile zu hören bekommen, die besagen, daß ja die Welt und das Leben selbstverständlich nicht wirklich begriffen werden könnten. Und daß es sowieso keinen tieferen Sinn hinter dem Entstandenen gäbe, da ja alles aus Zufällen heraus sich entwickelt hätte. Und dann würde man gewahr, warum sich so viele feinere Seelen traurig zurückgezogen haben, warum sie ihr Suchen aufgegeben haben, denn durch diese Art von Auffassung verliert der Mensch seinen Sinn, sein Vertrauen und sein Rückgrat, er wird zur Manipulier-Masse der Mächtigen. Ein freies Geistesleben wird durch eine solche Weltauffassung unmöglich, denn man hat das Hauptargument für sein eigenes Dasein – und damit den Sinn seiner Fragen – verloren. Das ist es – so ungern ich das schreibe – was heute in der Welt vorliegt. Wer sich als Zufall betrachtet, kann nicht mehr fragen, warum er existiert. Der Urknall als sinnfreies Ereignis ist das Aus für die suchende Seele. Ein sinnvoller Urknall wäre aber eine Schöpfung, denn es muß einen Sinnstifter geben. Wer aber resigniert und nicht mehr nach dem Sinn seines Daseins fragt, ist gewissermaßen widerlegt, er ist seiner Idee, seinem Geist, seiner Bestimmung, entfallen. Wer diese dagegen gefunden hat, bzw. zu finden auf dem Wege ist, der lebt in und nach diesem Sinn im Einklang mit dem Universum.

Da stellt sich die Frage:

Worin besteht der Sinn menschlichen Daseins?

Die Antwort ist schon vielfach in dieser Schrift gegeben. Der Sinn besteht darin, sich selbst zu erkennen als ein Wesen, welches auf dem Wege ist, einen freien Willen zu entfalten. Die notwendige Voraussetzung den freien Willen entwickeln zu können besteht darin, die physische Welt zu erkennen, indem das wahrgenommene Physische durch Gedanken auf den hervorbringenden Geist, auf das Ideenwesen, bezogen wird. Der Sinn besteht darin, sich selbst und die Welt zu erkennen, das heißt, sich als Erkenner der Welt zu erkennen und dem bewußt nachzukommen. Wenn der Geist des Menschen sich selbst denkend erkennt, wenn er sich denkt, während er denkt, wenn er erkennt, wie er erkennt, kann das höchste Glück erlebt werden, ein viel höheres Erfülltsein als in den Bereichen möglich ist, auf die gewöhnlich als das Glücklich-Machende gewiesen wird. Denn im reinen Denken nimmt der Mensch teil an der göttlich-geistigen Welt, aus der ihm Antworten auf seine Fragen zuteil werden durch die Vermittlung der Toten und der dort lebenden höheren Wesen. Wenn wir also wirklich denken und nicht nur unser Wissen, unsere Erfahrung bewegen, dann finden wir uns mit der geistig-göttlichen Welt verbunden und die aus dieser uns zufließenden Intuitionen, die Ideen, die uns aufleuchten, beglücken und kräftigen uns, sie gesunden und begeistern uns und führen uns auf harmonischen Wegen durch das Leben.

Der Sinn des Lebens existiert also und hat eine außerordentliche Bedeutung als Lebens-Motiv für jeden einzelnen. Die Erkenntnis des Grundes unseres Daseins gibt uns erst den notwendigen Halt, den Anfechtungen des Lebens widerstehen zu können. Sie gibt unserem Tun die moralische Ausrichtung, die notwendig ist, ein mit diesem Sinn zu vereinbarendes Leben führen zu können. Wer ohne Kenntnis seines Daseins-Sinns leben muß, kann viel leichter beeinflußt und getäuscht werden und er läuft Gefahr, sein Leben zu verschwenden.

Nun beantwortet sich eine solche komplexe Frage, wie die nach dem Sinn der eigenen Existenz, nicht durch eine einzige allgemeine Antwort. Vielmehr entwickelt sich aus dieser Grundfrage und der dazugehörigen Antwort eine kontinuierliche Folge von weiteren Fragen und Antworten. Dabei geht es z. B. um die berufliche Tätigkeit, die Partner- und Freundschaften, den Lebens-Ort, die speziellen Interessen, das tägliche Verhalten im Sozialen usw.

Innerhalb eines freien Geisteslebens würden solche Themen und vor allem die Anregungen aus der Geisteswissenschaft Rudolf Steiners publik sein. Denn diese und andere Fragen interessieren fast jeden. Ein ständiges Fragen und Antworten-Finden wäre ein solches Gedanken- und Fähigkeitsleben. Ein Blick auf unsere Gegenwart macht klar: Es herrscht bei uns das krasseste Gegenteil eines freien Geisteslebens. Ja, es fehlen mir die Worte, die ich bräuchte, um dieses Manko noch effektiver auszudrücken.

Wir leben nicht nur in einer Diktatur sondern in einer Tyrannei auf gedanklichem Gebiet. Nirgends ist wirklich Wahrheit und sei es auch nur aus geschäftlichen Gründen. Man braucht sich wahrhaftig nur das Schicksal eines Nikola Tesla oder den Hanf-Skandal anzuschauen, um zu begreifen, daß unsagbar wichtige Verfahren und Produkte aus rein geschäftlichen Gründen von der Öffentlichkeit ferngehalten wurden und das in riesigem Umfang. Der Materialismus, das Profitstreben, der systemimmanente Machtmißbrauch der Unternehmer gegenüber der arbeitenden Bevölkerung und die verwerflichen okkulten Ziele der verborgenen Machthaber, all das führte dazu, Wahrheit, Freiheit, Gleichwertigkeit und Liebe aus unserem Leben zu vertreiben. Und noch einmal sei darauf hingewiesen, daß nicht etwa die Schlechtheit der Menschen im Allgemeinen schuld an diesen Zuständen ist, sondern die Entartung und Boshaftigkeit Einzelner, einzelner Gruppen, welche sich die Macht über die Menschheit erschlichen haben und dabei sind, die reguläre göttliche Menschheitsentwicklung umzulenken um die Lebenden wie die Toten zu ihren verwerflichen Zwecken zu mißbrauchen. Das ist die Botschaft Rudolf Steiners, die uns hätte erreichen und helfen sollen, um dem zu entkommen. Inzwischen ist es sehr fraglich, ob das noch gelingen kann.

Wie schon erwähnt, haben viele durchaus empfindsame Seelen resigniert abgeschaltet, weil man ihnen auf allen Gebieten des Daseins die Sinnlosigkeit ihrer Existenz nahegelegt hat, freilich niemals in dem hier verwendeten erkennbaren Sinne, sondern immer in einer Form, als wäre das ja allen verständigen Menschen klar, als würde das alles zu den Kenntnissen der modernen, gebildeten Menschen dazugehören. Als Beispiel sei auf die Theorie gewiesen, nach welcher das menschliche Gehirn die Gedanken erzeugen würde – was nicht der Fall ist – und daß diese den Bits und Bytes eines Computers ähnlich wären, was noch viel weniger der Fall ist. Wer an diese Theorien glaubt, der wird annehmen, daß natürlich generell Gedanken nicht die Wirklichkeit wiedergeben können, denn sie sind ja getrennt von der Welt, im Kopf des Menschen entstanden. Also sind sie immer in irgendeiner Form subjektiv und von daher nicht ganz ernst zu nehmen. Und so haben heute sehr viele Menschen eine schlechte Meinung von ihren Gedanken. »Keine Ahnung …, weiß nicht …, kenn ich nicht …, ich bin da nicht zuständig …, nach meiner unmaßgeblichen Meinung …, was weiß ich …, ich kenn mich da nicht aus …« etc., so hört man es immer wieder. Man entschuldigt sich für seine Meinung, weil man gewohnt geworden ist, nicht viel von seinen Gedanken zu halten. Das ist ebenso fatal in seiner Wirkung wie die Theorie vom Urknall. Es zerstört den Sinn des Menschen als Erkenner des Kosmos. Der Mensch gibt sich als Mensch auf und legt die Macht über sein Wesen in die Hände einer okkulten sogenannten Elite, die es genau auf dieses nun ungenutzte Wesen abgesehen hat. Denn der Mensch, der seinen Sinn nicht erkennt, nutzt ein großes Potential, daß in ihm liegt, nicht. Und zwar liegt dieses in der Selbsterkenntnis. Erkennt sich der Mensch als Erkenner des Kosmos, erfaßt er also seinen Sinn nicht nur intellektuell, sondern als Erlebnis, als Ergebnis seiner Beobachtung, so bricht er durch zum höheren Dasein. Der Neue Mensch ist geboren. Geschieht dies nicht, treibt er keine auf Geisteswissenschaft basierende Selbsterkenntnis, so bleibt der in ihm liegende Keim zum Höheren ungenutzt. Und auf diese ungenutzten Ressourcen im Menschen richtet sich das okkulte Streben gewisser Geheimgesellschaften, welche die Erde beherrschen wollen (»Matrix« läßt grüßen).

Die Mitteleuropäer sollten dem göttlichen Plan nach die spirituelle Wissenschaft der Anthroposophie in ihre technisch geprägte Kultur aufnehmen, damit daraus eine spirituelle Lebensweise mit spiritueller Technik würde entstehen können. Doch das wurde von jenen Kräften verhindert, welche die Kriege zu entzünden verstanden und den Kultur-Tod in Form des Kommunismus in die Welt trugen, um eine vollkommen neue, einheitliche Weltordnung anzustreben. Diese neue Welt-Ordnung wird kommen nach Angaben Rudolf Steiners und nach dem, was derzeit zu beobachten ist, dann nämlich wird sie kommen, wenn es nicht gelingt, zu verwirklichen, was die Götter in uns gelegt haben, in unser Ich, in unser J-esus-CH-ristus. Denn der Gott ist nicht mehr unser Führer im Außen, sondern durch sein Opfer ist er in jedem von uns mit der Maßgabe, uns mit seinen Talenten, mit der uns nun möglich gewordenen Freiheit, mit der Freiheit im Geistesleben, selbst zu führen. Nur im freien Geistesleben erscheint unser karmischer Lebensplan ungehindert und kann sich ungestört verwirklichen. Nur im freien Geistesleben finden die kosmischen Impulse zur

Entwicklung der Menschheit die vorgesehenen menschlichen Individuen, welche imstande sind, diese Impulse zum Wohle aller fruchtbar zu machen.

18. Es fehlt der freie Zugang zum Kapital

Wir haben bisher vor allem das Denk- und Ideen-Leben bezüglich des freien Geisteslebens angeschaut. Doch sind zu diesem Bereich des sozialen Organismus auch die Talente und Potentiale zu zählen. Der Geistbegriff ist ja doch ein recht schwieriger, umfassender, der von Rudolf Steiner nur selten thematisiert und wenig beschrieben wurde, so daß man hier nicht bequem auf seine Charakterisierungen zurückgreifen kann. Doch das Geistige ist gegenüber dem Seelischen, Ätherischen und Materiellen nicht nur als das Gedanken- und Ideenhafte anzusehen, wie dies in der profanen Kultur üblich ist. Ich will daher den hier beleuchteten Aspekt des Geistes als das Ermöglichende, die Ideen Umsetzende, die Taten auslösende Element beschreiben. So wie eine Idee, ein erkannter Gedanke, das Auslösende oder Ursächliche einer Handlung, eines Verhaltens darstellt, so helfen im sozialen Organismus Finanz-Kapital und Produktionsmittel, Waren und Dienstleistungen erzeugen zu können. Fragen wir uns daher, was die Freiheit im Bereich der Fähigkeiten, der Finanzen und der Produktionsmittel bedeuten kann. Dabei dürfte es jedem klar sein, daß im gegenwärtigen System Produktionsmittel, wie Grundstücke, Gebäude, Maschinen, Finanzen aber auch Ideen und Talente nicht frei zur Verfügung stehen – ganz im Gegenteil. Hier herrscht statt Freiheit strengste Unfreiheit durch Patente, Nutzungsrechte und unangemessenes Eigentum.

Beginnen wir beim monetären Kapital. Freiheit bezüglich des Einsatzes von Finanzmitteln würde bedeuten, daß nicht, wie bisher, Investitionen jenen vorbehalten wären, die Finanzmittel besitzen bzw. sich auf herkömmliche Weise verschaffen können, sondern zunächst einmal würde innerhalb einer verwirklichten Dreigliederung niemand über größere Geldmengen verfügen. Stattdessen aber könnte jeder, der sich für die Umsetzung bestimmter, die Gemeinschaft fördernder Ideen einsetzen will und einen entsprechend großen Kreis von Menschen gefunden hat, die ihn unterstützen wollen, das Kapital anfordern und hoffen, daß ausreichend ersparte Mittel vorhanden sind. Auch wäre es denkbar, die Geldmenge zu erhöhen, wenn durch die Investition ein wirtschaftlicher Zuwachs zu erwarten ist.

Man könnte auch gewisse Preise erhöhen, um dadurch Geld für solche Investitions-Projekte anzusparen. Das Geld wäre also in ähnlicher Form wie heute vorhanden, nur eben nicht mit der Macht über das Tun und Lassen anderer Menschen ausgestattet, wie dies heute der Fall ist. Das Finanzkapital würde die Funktion als Motiv des Wirtschaftens verlieren.

Diese Art der Freiheit im Bereich des Kapitals und der Produktionsmittel ist ja gewiß ein ganz ungewohnter Gedanke, mit dem man lange umgehen muß, um ihn in zutreffender Weise zu durchdringen. Investitionen würden dann nicht wegen des Kapitalertrages durchgeführt, sondern wegen des Wertes, den die beteiligten, betroffenen Menschen, der Umsetzung einer bestimmten Idee zumessen. Dadurch verlöre das Geld seine schädliche Wirkung und diente ausschließlich der Gemeinschaft und nicht, wie derzeitig, dem Profit weniger. Dazu schauen wir zunächst einmal auf den Begriff:

Was ist Profit?

Muß es Profit geben, damit Menschen bereit sind, sich für ihre Gemeinschaft einzusetzen? Ist die Aussicht auf Profit das einzige Mittel, Menschen zur Arbeit zu bewegen? Der Begriff selbst steht für den wirtschaftlichen Überschuß, der entsteht, wenn der erzielte Preis die Höhe der Aufwendungen für ein Produkt bzw. eine Leitung übersteigt. Für die heutige Wirtschaft ist Profit der Hauptgrund des Wirtschaftens überhaupt. Aber das dürfte jedem klar sein, daß natürlich das ein unnatürlicher, ungesunder Grund ist. Der eigentliche Grund zu wirtschaften müßte aus dem Wunsch hervorgehen, sich adäquat in die Versorgung der Mitmenschen einschalten zu wollen, mithelfen zu wollen, den sozialen Organismus zu gestalten und am Leben zu erhalten. Nun wird man einwenden, daß ja der Wirtschaftende die Mittel für seine persönliche Versorgung aus seiner Tätigkeit generieren müsse. Gewiß ist das heute so, aber in einem Dreigliederungs-Organismus, wie er hier besprochen wird, würde jedem das Geld für seinen Lebensunterhalt unabhängig von seiner Tätigkeit zur Verfügung gestellt werden. Ich würde daher diese Beträge nicht zum Profit zählen, sondern eventuell sogar zu den Produktionskosten, je nachdem, wie man die Auszahlung der monatlichen Einkommen regelt.

Es dürfte also relativ klar sein, daß Profit in einem Dreigliederungs-Organismus nicht erstrebt werden sollte, denn einen Überschuß braucht der Mensch für sich persönlich nicht, er hat, was er braucht, und für das Unternehmen sollte auch nur das Notwendige erwirtschaftet werden, so daß ein trotz allem entstehender Überschuß nicht als Profit, sondern als nicht benötigtes Kapital an andere weitergegeben würde. Wenn der Preis einer Ware oder Leistung Überschüsse erzeugt, ist der Preis zu hoch. Und wird heute ein Unternehmer zum Millionär oder gar zum Milliardär, dann hat er die Kunden schlicht und einfach betrogen. Sie haben mehr bezahlt als benötigt wurde. Daraus entstand der Überschuß. Nun wird freilich eingewendet, daß man ja die Überschüsse wiederum investieren würde – also für die Gemeinschaft nutzbar machen. Das klingt zunächst überzeugend, zeigt aber bei näherem Hinsehen, daß ein nicht benötigter Überschuß dann wiederum nur eingesetzt wird um noch mehr nicht benötigten Überschuß zu erzielen, auch wenn dabei das eine oder andere Brauchbare entstehen kann. Das ergibt eine Entwicklungsbewegung, welche den Bereich der notwendigen Versorgung verläßt und künstlich Bedürfnisse zu erwecken versucht, nur um den eigentlich betrügerischen Überschuß gewinnbringend einsetzen zu können. Dadurch entsteht eine Scheinwirtschaft, die nicht am Versorgungs-Bedarf orientiert ist und früher oder später zusammenbrechen muß. Vor einem solchen Zusammenbruch stehen wir heute. Nicht nur die betrügerischen Überschüsse aus der Waren- und Dienstleistungs-Wirtschaft, sondern vor allem auch die Gewinne aus den Geldgeschäften, die ja bereits nicht mehr am Versorgungs-Bedarf orientiert sind, überschwemmen den Markt mit Investitionskapital, das zunehmend keine wirtschaftlich sinnvolle Verwendung mehr findet. Dies kann zum Ersticken der Wirtschaft im Geld führen.

Die andere Gefahr eines Zusammenbruchs ist allgemein bekannt. Es kann durch Konkurrenz und Mißwirtschaft auf den Märkten statt Profit eine Unterdeckung der benötigten Aufwendungen erzielt werden, so daß man seine Waren bzw. Leistungen zu Preisen verkaufen muß, die nicht ausreichen, die Produktions-Kosten zu decken. Es entstehen Verluste, die zunächst über Kredite überbrückt werden können, wenn aber keine Mittel zur Kostenreduzierung gefunden werden können, so tritt irgendwann der Bankrott des Unternehmens ein mit all den bekannten Folgen. Bei einem Wirtschaften ohne Profite wäre das Problem des Konkurses nicht vorhanden. Zum einen weil die Arbeitenden sowohl als auch der Unternehmer ihre Versorgungsbezüge unabhängig von ihrer Arbeit erhalten. Zum Anderen weil die Kunden bereit sind, die Preise zu bezahlen, welche der regionale Betrieb braucht. Es wird keine Rolle spielen, ob irgendwo auf der Welt ein Betrieb die Ware günstiger anbieten kann. Man wird bezahlen, was benötigt wird und entsprechend seinen Finanzbedarf beantragen. Dabei darf der Preis nicht etwa als etwas Nebensächliches angeschaut werden. Er muß den produzierenden Menschen Auskunft darüber geben, ob ihre Arbeit effizient eingesetzt auch die Anerkennung durch die Konsumierenden findet. Eine Wertschätzung der Mühe zeigt sich im Preis an, den die Arbeitenden über die Assoziationen mitbestimmen. Es muß sich zeigen, ob das, was der Produzierende zum Leben braucht, durch den Preis auch voll erwirtschaftet wird, auch wenn er seine Bedarfspauschale nicht direkt am Arbeitsplatz als Gegenleistung für die Arbeit bezieht.

Das Profitsystem führt zwangsläufig zur Konzentration der Finanzen und Produktionsmittel, so daß am Ende ein einziger Konzern die gesamte Welt-Wirtschaft beherrscht und die Eigner der Zentralbanken als Gläubiger der überschuldeten Staaten allen Privatbesitz einziehen werden. Dies zu verhindern muß das vordringliche Ziel sein. Das kann erreicht werden durch die Ausschaltung der privaten Gewinnschöpfung und die Abschaffung der Bezahlung der Arbeit.

Soviel zum Geld, wie aber steht es um die Produktionsmittel? Wie wirkt sich Freiheit im Geistesleben auf die Produktionsmittel aus? Um dem näherzukommen, sei zunächst die Frage untersucht:

Was ist Eigentum?

Der Erwerb von Eigentum ist Teil des angeborenen Rechtes, sich seinen Bedürfnissen entsprechend zu versorgen und verhalten zu können. Und zwar handelt es sich um das exklusive Nutzungsrecht an Gütern des Ge- und Verbrauchs, durch welches der Betreffende bestrebt ist, seine Versorgung sicherzustellen. Besonders Vorräte und Güter bleibenden Charakters, also Dinge, die er immer wieder braucht oder benutzt, eignet sich der Mensch als Eigentum an und sichert sich damit das uneingeschränkte Recht des Ge- bzw. Verbrauchs. Manches davon wird der Welt frei entnommen, wie z. B. die Atemluft, anderes durch Arbeit, Kauf oder Schenkung erworben, wieder anderes erhält man heute durch Erbschaft. In jedem Falle stehen diese Güter ihrem Eigentümer exklusiv zur Verfügung. Sie sind gewissermaßen ein Teil von ihm. Er entscheidet über ihre Verwendung. Ohne seine Genehmigung darf niemand anderes über sie verfügen. Er besitzt das Vorrecht. Und selbst wenn er sein Eigentum verleiht, vermietet oder verpachtet, bleibt es zunächst doch ein Teil von ihm. Erst wenn er Eigentum verkauft oder verschenkt oder wenn er enteignet wird, lösen sie sich von seiner Wesenheit. Die Bildung von Eigentum ist also ein sehr wichtiger Teil des Ur-Rechtes.

Eine Abschwächung der freien Verfügung findet heute bereits im Falle des bloßen Besitzes statt. Wenn ich eine Wohnung miete, dann kann ich sie zwar in gewissen Grenzen dekorieren und einrichten, wie es mir gefällt. Umbauten hingegen sind nur in Absprache mit dem Eigentümer möglich. Hier aber verliert das Geistesleben seine Freiheit. Ich habe Ideen, wie meine Wohnung gestaltet sein müßte, aber ich kann dem nicht folgen. Gewiß kann es immer jede Form von Absprachen und Verträgen geben. Doch man darf die Urprinzipien nicht aus dem Auge verlieren. Eigentum bedeutet, daß ich gewissermaßen die Verantwortlichkeit, welche meine Seele gegenüber dem von ihr bewohnten Leib empfindet, auf äußere Objekte ausdehne. Das Haus, das ich als Eigentümer bewohne, gehört ganz zu mir. Ich bewege mich einerseits achtsam, andererseits auch ganz selbstverständlich in meinem Haus. Das ist in einer gemieteten Wohnung nicht in der selben Weise möglich und äußert sich entweder in einem verringerten

Verantwortungsbewußtsein, wodurch die Wohnung schneller abnutzt oder auch in einer gewissen Befangenheit durch ein übersteigertes Verantwortungsgefühl gegenüber fremdem Eigentum, so daß mein Sich-Ausleben gehemmt ist. Wer das negiert, will die Realität nicht anerkennen. Und gewiß stehen diese Überlegungen dem weitverbreiteten sozialistischen Weltbild entgegen, aber sie sind berechtigt. Die innere Haltung gegenüber dem öffentlichen Teil der eigenen Umgebung, die in der zweiten Hälfte des 20. Jahrhunderts in der westlichen Welt ausgebildet worden ist, zeigt überdeutlich, wie die theoretischen Besitz- und Eigentums-Verhältnisse durch Miete, Staatsbesitz und öffentlichen Verkehr den Menschen die Wertschätzung ihrer Umgebung stark reduziert haben. Überall starren uns die achtlos dem Zerfall überlassenen Zivilisationsprodukte entgegen. Das ist eine Folge des Kultur-Marxismus, der die westliche Welt beherrscht und würde durch eine Dreigliederung im hier dargestellten Sinne vermieden werden. Denn innerhalb dessen würde ein Bewußtsein davon entstehen, daß jedes Produkt, jede Leistung aus der Liebe der Leistenden für die Bedürftigen entstanden ist und ein Geschenk an die Nutznießer darstellt. Und spirituell erweitert sollte verstanden werden, daß jedes Produkt immer ein Opfer zahlloser Hierarchien- und Elementarwesen bedeutet, so daß nicht nur die Achtung der Leistenden geboten wäre, sondern tiefe Demut gegenüber dem sich verschenkenden Kosmos. Natürlich läßt sich ein solches Bewußtsein nicht theoretisch erzeugen, sondern muß zum Erlebnis werden, was nur möglich ist durch die Gewährung von Eigentum innerhalb der Praxis der Dreigliederung des sozialen Organismus.

Die Produktionsmittel werden übernommen bzw. erschlossen oder geschaffen nach den Ideen eines oder mehrerer Unternehmer, welche von einer Anzahl von Mitgliedern der Gemeinschaft unterstützt werden, die sich zum einen aus Kunden, zum anderen aus Mitarbeitern rekrutiert. Er bzw. sie und die assoziierten Mitstreiter sollen diese Produktionsmittel besitzen, solange sie im Sinne der Öffentlichkeit verwendet werden. Dabei wird es innerhalb der Dreigliederung nicht möglich sein, Produktionsmittel und vor allem die Ressourcen wie Ackerland, Wald, Bergwerke, Quellen etc. zu kaufen oder verkaufen im heutigen Sinne, denn Profite werden nicht erwirtschaftet und Eigentum überträgt sich gegen Selbstkosten, sobald die Verantwortung weitergegeben wird. Insofern wird es schon so etwas wie Schürfrechte, Brunnenrechte etc. geben müssen, damit Sicherheit und Verantwortlichkeit im Sinne von Eigentum anstelle sozialistischer Gleichgültigkeit bzw. tyrannischer Herrschsucht und Prinzipienreiterei entstehen können. Gleichzeitig soll aber auch jeder kapitalistische Mißbrauch zum Nachteil der Allgemeinheit vermieden werden. Schon heute heißt es im Grundgesetz: Eigentum verpflichtet. Das hört sich zunächst zwar interessant an, doch jeder weiß, daß davon keinerlei praktische Wirkung ausgeht. Dies muß sich ändern. Eigentum ist, wie mein physischer Leib, ein Produkt meines ureigensten Schaffens, für das ich vorgeburtlich den Plan geschmiedet, die kosmischen Kräfte angesammelt habe und an dem ich seit der Geburt ständig schaffend oder regenerierend tätig bin. Aber dieser Leib und meine Talente sind kein Selbstzweck, ich habe sie nicht für mich selbst geschaffen, sondern vor allem, um sie für meine Mitmenschen einzusetzen. Das geschieht ja im heutigen System auch schon, man arbeitet für die anderen. Man ist nur dadurch korrumpiert, daß man das Geld für seine Versorgung als direkte Gegenleistung für geleistete Arbeit zugemessen bekommt. Ich muß meine Arbeit verkaufen und darf sie nicht schenken. Denn als Arbeitender bin ich eigentlicher Eigentümer meiner Produkte und Leistungen. Sie werden mir jedoch entrissen, weil ich bezahlt werde. Dadurch wird mein zum Schenken gedachter Weltbeitrag dämonisiert mit den entsprechenden Folgen. Konstatieren wir den ungünstigsten Fall: Wenn ich Arbeiten verrichten muß, die mir nicht liegen, die ich aber verrichten muß, weil ich keinen anderen Arbeitsplatz finden kann und dann die ungeliebte Arbeit vielleicht nach Vorgaben und Verfahren, die ich für unpassend halte an einem unschönen, vielleicht sogar gesundheitsgefährdenden Arbeitsplatz zusammen mit mir nicht wohlgesonnenen Kollegen durchführen muß, achte ich die Produkte wenig, stecke keine Liebe in deren Erzeugung und das alles bringt so die Kunden und mich um die Freunde des Geschenkes, welches den Kern des Wirtschaftsleben bilden sollte. Das alles ließe sich nur umgehen, wenn die Arbeitenden in einer ganz anders organisierten Wirtschaftsweise Eigentümer ihrer Produktionsmittel wären, wenn sie diese vielleicht sogar selbst entwerfen und wenn sie diese aus ihrem freien Geistesleben heraus zumindest mitgestalten könnten. Das bedeutet wiederum nicht, daß nun jeder seine eigene Fabrikhalle bauen lassen würde. Ganz von selbst würden Herstellungsverfahren, Abwicklungsprozesse, Gebäudegestaltungen etc. nicht mehr weltweit einheitlich nach Kriterien der Produktivität und Kostenersparnis gestaltet werden, sondern individuell nach den Ideen der Arbeitenden, denn sie wollen den Ort und das Verfahren danach gestalten wie sie ihre Geschenke produzieren wollen.

Nun kann man ja ganz gewiß darüber streiten, an welchen Gütern die Mitglieder einer Gemeinschaft Eigentum erwerben können sollen und an welchen nicht. Man kann die Frage stellen, ob nicht alles und jedes einen Eigentümer haben soll. Und wenn man sich klar macht, daß z. B. Kanada, Neuseeland und Australien der britischen Königsfamilie gehören sollen, ja, dann werden Zweifel wach, ob das – falls es wahr ist – wohl noch irgendeinen vertretbaren Sinn haben kann. Kommunismus und Sozialismus wollen Privat-Eigentum stark begrenzen und setzen auf Gemeinschafts-Eigentum und vorübergehenden Besitz. Der Kapitalismus will Privat-Eigentum möglichst weit ausdehnen. Hier wird man das Angemessene suchen müssen. Bei der Zahnbürste wird auch der grüne-rote Kultur-Marxist das exklusive Nutzungsrecht beantragen. Anders dagegen sieht es z. B. beim PKW aus, der ja bei vielen Menschen fünf Tage in der Woche im Carport steht und kaum genutzt wird, um dann am Wochenende zum Einkaufen, für Besuche und Ausflüge zur Verfügung stehen soll. Das empfinden viele schon als Verschwendung. Dagegen hat die neue Weltordnung schon vorgesehen, daß künftig die selbstfahrenden E-PKWs wie heute Taxis gerufen und gemeinschaftlich genutzt werden sollen. Wie gesagt, über solches kann man streiten. Uns interessiert in diesem Zusammenhang, wie mit der Frage des Eigentums an Kapital und Produktionsmitteln umgegangen werden soll. Um dies richtig zu beurteilen, sei zunächst versucht, dem Eigentums-Verhältnis noch ein wenig näher zu treten.

Wenn mir die Gemeinschaft den Erwerb und Erhalt von Eigentum gestatten soll, dann ist eine der Voraussetzungen dafür die, daß ich einen echten Bedarf an den betreffenden Dingen nachweisen kann und daß ich in der Lage bin, das Eigentum adäquat – im Sinne der Gemeinschaft – zu verwenden und zu verwalten. Es können – wie erwähnt – nicht jedem, der möchte, Kapital und Produktionsmittel zur freien Verfügung gestellt werden, sondern nur dem, der am geeignetsten ist und dessen Leistungen nachweislich benötigt werden. Wie soll das aber festgestellt werden? Hier kommt dann wieder das lebendige Evidenz- bzw. Wahrheits-Empfinden ins Spiel. Denn es müssen Menschen feststellen, was zur Deckung des Bedarfs an Produktionsstätten und Arbeitskräften gebraucht wird und wer die Aufgaben zu bewältigen in der Lage ist. Wer an dieser Stelle Ungerechtigkeiten durch Bevorzugung und Benachteiligung wittert, sei darauf verwiesen, daß die Konkurrenzsituation schon deshalb erheblich gemildert wäre, weil innerhalb der Dreigliederung das Einkommen aller Beteiligten nicht von Arbeitsplatz und von der Leistung abhängig wären. Im Zuge der Vergabe von Aufgaben an die Fähigsten würde dann auch Eigentum zugeteilt oder übertragen. Dabei sollte Eigentum nur solange gewährt werden, als dieses im Sinne der Gemeinschaft genutzt wird. Andernfalls muß ein Eigentümer-Wechsel vorgenommen werden, denn Eigentum besteht nur in Bezug auf die Nutzung. Natürlich muß auch damit sozial verträglich umgegangen werden. Rudolf Steiner sieht durchaus vor, daß Produktionsmittel vom Unternehmer selbst an die Nachfolger weitergegeben werden, denn er kann selbst am besten wissen, wer geeignet ist. Auch hier wäre der übliche Wunsch, am Eigentum festzuhalten, erheblich reduziert durch die nicht vorhandenen Vorteile und Vorrechte aus dem Eigentum. Man würde ganz freiwillig sein Eigentum weitergeben wollen, sobald man das Nachlassen der erforderlichen Fähigkeiten spürt, bzw. sobald man auf fähigere Leute, als man selbst ist, aufmerksam wird. Wir haben uns da also nicht eine Behörde vorzustellen, die nach festen Kriterien bestimmt, wer welche Produktionsmittel übereignet bekommen soll, sondern dies sollte aus dem Geistesleben, aus der Verwaltung der Ideen heraus, geregelt werden. Dort wo die Talente und Möglichkeiten mit dem Wünschenswerten zusammengebracht werden.

Es muß bei all dem stets bedacht werden, daß Unternehmertum im dreigegliederten Organismus kein Privileg mehr ist, sondern eine Aufgabe. Man wird nicht Unternehmer wegen des möglichen Profites und der Aussicht auf ein besseres Leben oder wegen der zu gewinnenden Macht über andere, sondern wegen seines Talentes, Gutes für die Gemeinschaft zu schaffen.

Mit diesen Darstellungen haben wir uns nun die Voraussetzungen geschaffen, den Begriff des Unternehmers zu durchleuchten. Stellen wir also die Frage:

Was ist ein Unternehmer

und wozu braucht der soziale Organismus Unternehmer?

Rudolf Steiner bezeichnet jenen als Unternehmer der Eigentümer von Produktionsmitteln ist und meint damit die Laden-, Werkstatt-, Fabrik-, Schiffs-, Hof-, Minen-, Gebäude- etc. Eigentümer. Sie kaufen den Arbeitenden ihre Arbeitskraft ab und werden so Eigentümer der Waren und Dienstleistungen, die sie gegen Geld, welches wiederum Gegenwert von verkaufter Arbeit ihrer Kunden ist, verkaufen. Außerdem sind Unternehmer auch jene, die Ideen haben, wie man – losgelöst von bestehenden Firmen und Korporationen – dauerhaft ins Wirtschaftsleben – also in die Versorgung des sozialen Organismus – eingreifen kann, um zunächst einmal selbst davon leben zu können. Es sind Menschen, die den Mut haben, selbständig Wirtschaftsprozesse zu lenken. Die Selbständigkeit ist für viele Unternehmer der Haupt-Anreiz. Sie möchten die Prozesse nach ihren Vorstellungen lenken können und nicht von anderen befehligt werden. Dies ist durchaus ein gesunder Impuls der Bewußtseins-Seele, der aber keineswegs die soziale Fähigkeit, sich mit anderen Menschen abzustimmen, verdrängen sollte. Erst an zweiter oder dritter Stelle dürfte beim Unternehmer-Typus der Anreiz des Profites stehen, der eventuell einen höheren Lebensstandard ermöglicht etc. Dieser und ähnlich egoistische Anreize würden durch die Dreigliederung neutralisiert. Ansonsten aber sind die Talente, welche heute den Unternehmer auszeichnen, außerordentlich wertvoll und werden dringend gebraucht in einem funktionierenden sozialen Organismus. Hier haben kommunistische Ideen das allgemeine Verständnis getrübt. Nicht der Unternehmer, der Selbständige ist das Problem, sondern die ungerechtfertigte Macht, die er als Leiter der Prozesse auf seine Mitarbeiter, Konkurrenten und ggf. Kunden ausübt und jene, die er aus dem Recht auf private Nutzung des Profites gewinnt. Das Talent, Menschen im Wirtschaftsprozeß sinnvoll einzusetzen, die Produkte und Leistungen ideal zu gestalten, zu verpacken, zu lagern, zu transportieren, all das sind wichtigste Fähigkeiten, ohne die eine Wirtschaft nicht existieren kann und diese Fähigkeiten sind vorhanden. Es gibt Menschen mit entsprechenden Talenten, die unbedingt genutzt werden müssen. Allerdings darf über diese Dinge nicht etwa demokratisch entschieden werden. Denn im Wirtschaftsleben muß die Fachkompetenz führen. Da müssen leitende und führende Persönlichkeiten einfach aus der Fachkompetenz heraus sich erheben zu Lenkern der Arbeitsprozesse. Der Gefahr, daß sie dabei zu Herrschern oder Tyrannen werden, wird begegnet durch die Assoziationen, in denen die Arbeitsleiter ihre Ideen mit ihren Mitarbeitern und den Fachleuten aus den anderen Bereichen des Wirtschaftsleben besprechen werden, so daß es weder zu tyrannischen Übergriffen oder einsamen Risikoentscheidungen, noch zu inkompetenten Verwaltungs-Anweisungen kommen wird.

Nun haben sozialistische Systeme an die Stelle der Unternehmer Funktionäre eingesetzt, die statt der kapitalistischen Unternehmer die Betriebe leiten sollten. Dadurch sollte der Anreiz der persönlichen Bereicherung genommen werden und die Lenkung der Wirtschaftsprozesse im Volkseigentum kommissarisch auf die Funktionäre übertragen werden. Da fragt sich, mit welchem Erfolg wurde dies praktiziert? Auch wenn ich über keinerlei Fachkenntnisse diesbezüglich verfüge, so wurde doch durch Verwandtschaft meinerseits in der DDR immer wieder deutlich, daß die Versorgung meist mangelhaft bis ungenügend war. Das gleiche kann man von den Arbeitsbedingungen sagen, je nachdem, wie man schaut, war vieles rückständig und umständlich, mit anderen Worten, unsachgemäß durch unfähige Funktionäre. Dies gilt für vieles – nicht für alles selbstverständlich. Es gab auch gute Verhältnisse im Kommunismus. Was aber vor allem auf den Menschen lastete, war die Willkür in der Machtausübung. Dieses Problem ist weder im Sozialismus noch im Kapitalismus wirklich gelöst. Von daher schauen wir noch einmal auf die Freiheit im Geistesleben. Die freie Verwendung der Fähigkeiten arbeitender Menschen durch den

Unternehmer als Leiter der Arbeit ist unabdingbar für das Gelingen des Wirtschaftsprozesses, denn Fähigkeiten sind zum Geistesleben gehörig. Die Voraussetzung für die freie Verwendung aber ist das Eigentum. Soll also nun der Unternehmer die Arbeitenden besitzen? Im Altertum war es so. Noch bis zur Französischen Revolution und kurz danach gab es leibeigene Arbeiter. Dann entstand das Proletariat. Die freigelassenen leibeigenen Landarbeiter wurden Fabrikarbeiter und erhielten einen Lohn zur eigenen Versorgung. Aus diesen kapitalistischen Verhältnissen entwickelte sich dann die heutige Gesellschaft der lohnabhängigen Berufstätigen, die seit einigen Jahren stagniert und auf ihr Ende zugeht. Aus all dem wird deutlich, daß neue Verhältnisse geschaffen werden müssen, wenn die sich ankündigenden Kataklysmen vermieden werden sollen. Der Mitarbeiter entgeht dem Machtmißbrauch der Vorgesetzten und der Ausbeutung seiner Arbeit, wenn er zum Mit-Unternehmer wird. Er wird Partner des Unternehmers, wird Mit-Eigentümer und bestimmt selbst wie und was er arbeitet in Abstimmung unter Gleichen mit den Ko-Unternehmern. Der leitende Unternehmer wird also derjenige sein, der das Talent besitzt, selbständig Arbeitende zu einem Betrieb zusammenzufassen um gemeinsam optimale Leistungen und Produkte zu erzeugen. Die Produktion, der Vertrieb und die sonstigen Wirtschaftsprozesse sollen in einer solchen Weise organisiert werden, daß die Arbeitenden sich als wertgeschätzte, in vollem Umfang am Gelingen des Ganzen beteiligte Vollmenschen fühlen. Es darf also nicht – wie heute – die Gestaltung der Prozesse sich ausschließlich an der Reduzierung der Kosten und der Steigerung des Profites etc. ausrichten. Die Fließbandproduktion kann hier als anschauliches Beispiel fungieren, welches zeigt, wie der Mensch zum Roboter gemacht wird und aller guten Antriebe zum Arbeiten beraubt wird. In dieser Beziehung wird es gewiß eine Rückentwicklung geben, falls je die Dreigliederung tatsächlich zur Anwendung kommen sollte. Dabei ist jedoch zu bedenken, daß sich die Berufstätigkeit unter der Dreigliederung in gewissem Sinne ebenfalls dreigliedert. Vielleicht werden die Menschen übereinkommen, daß Fließbandarbeit in gewissem Umfang notwendig ist und bereit sein, sich für Stunden täglich daran zu beteiligen, um danach wiederum im Geistesleben oder im Rechtsleben tätig zu sein.

Aber schauen wir noch einmal auf die Frage nach der Freiheit im Geistesleben bezüglich Finanz-Kapital und Produktionsmitteln.

Unter einem freien Geistesleben müßten vom Prinzip her jedem Wirtschafts-Willigen bzw. Wirtschafts-Fähigen, der in Abstimmung mit den Einrichtungen des Geisteslebens genügend Interessenten zur Verwirklichung seiner Ideen gefunden hat, das Finanz-Kapital und Produktionsmittel frei zur Verfügung stehen. Aber hier stößt die Freiheit an gewisse Grenzen. Selbstverständlich können nicht für alle Fälle große Summen Geldes und umfangreiche Produktionsmittel bereitgehalten werden für den Fall, daß jemand eine Unternehmens-Idee hat. Sondern hier muß sich zunächst eine gewisse Anzahl von Menschen finden, welche einen Ideen-Geber unterstützen, um bestimmte Wirtschaftsleistungen an bestimmten Orten in Anspruch nehmen zu können. Dazu müssen die für die Realisierung des Vorhabens notwendigen Menschen gefunden werden und die benötigten Finanz- und Produktions-Mittel bereitgestellt werden. Zur Kapitalbeschaffung gäbe es im Dreigliederungs-»Staat« verschiedenste Möglichkeiten, denn es soll eine freie Verwendung von Finanz-Kapital und Produktionsmitten durch den bzw. die Unternehmer ermöglicht werden. Wie also kann man den bzw. die Unternehmer in die Lage versetzen, über das Genannte frei zu verfügen? Nach Rudolf Steiner ist das Eigentumsverhältnis das einzige, welches eine wirklich freie Verfügung ermöglicht. Die wirklich freie Verfügung aber ist die notwendige Voraussetzung für ein gelingendes Wirtschaften. Durch diese Betrachtung ergibt sich auch die Antwort auf die Frage: Wem sollen die Produktionsmittel, das Werkzeug, die Maschinen und Gebäude und wem soll das Finanz-Kapital gehören? Es müssen die Menschen sein, die initiativ die Produkte und Leistungen erzeugen.

An dieser Stelle werden dann sehr häufig sozialistische, kommunistische Ideen vorgetragen, die davon ausgehen, daß ja der Kapitalismus ein unberechtigtes und von daher zu ersetzendes System sei. Heute leben so gut wie alle im Kapitalismus und fast niemand lebt derzeit im Sozialismus – auch wenn die EU genau dahin steuert. Es hat sich weltweit der Kapitalismus durchgesetzt – egal, wie man dazu steht, das ist eine Tatsache. Woran mag das liegen? Es liegt daran, daß er dem Unternehmer die Freiheit im Geistesleben ein Stück weit gestattet, weil Finanz-Kapital und Produktionsmittel in vielen Fällen tatsächlich Eigentum des Unternehmers sind und er daher frei über diese verfügen kann, was dem kommunistischen Funktionär nicht in der gleichen Weise möglich ist, weil er nicht in selbem Maße Eigner seines Betriebes ist. Damit will ich nicht dem Kapitalismus das Wort reden, sondern darauf aufmerksam machen, daß Eigentum eine ganz bestimmte, nicht zu verachtende Wirkung auf den Menschen hat. Man geht mit seinem von allen respektierten, gewünscht und gewollten, ja, gern-gemochten Eigentum anders um als z. B. mit dem Firmeneigentum an seinem Arbeitsplatz, der gemieteten Wohnung, dem öffentlichen Verkehrsmittel etc. Auch wenn dies schwer zu durchschauen ist, muß einfach Eigentum in seiner Wirkung erkannt und anerkannt werden. Und entsprechend muß dies bei der Gestaltung des sozialen Organismus Berücksichtigung finden. Unter diesem Blickwinkel sollte im idealen Wirtschaftsleben der jeweils verantwortliche Arbeitende auch der Eigentümer seiner Maschinen und Werkzeuge sein, über die er frei verfügen kann. Freiheit im Geistesleben bedeutet also das optimale Verhältnis des Arbeitenden zum dem, was er benutzt und herstellt durch die uneingeschränkte Verfügung, die durch das Eigentumsverhältnis bewirkt wird.

Wenn wir also die schädlichen Wirkungen im kapitalistischen Wirtschaftsleben paralysieren wollen, müssen wir möglichst weitgehend dafür sorgen, daß die Arbeitenden auch die Eigentümer der Produktionsmittel sind, daß so viele wie möglich selbständig sind, denn das garantiert die Freiheit, die freie Verfügung. Die selbständige Tätigkeit schafft ständig Kapital bzw. Produktionsmittel, indem Werkzeug und andere Einrichtungen erworben bzw. geschaffen werden, um der beruflichen Tätigkeit effektiv nachgehen zu können. Insofern ist Kapitalbildung im Wirtschaftsleben nicht zu verhindern, sondern ein ganz natürlicher Vorgang, gerade wenn die freie Verwendung der Produktionsmittel angestrebt wird. Wie sich dann Betriebe entwickeln werden, welche Größe sie annehmen werden, kann nicht im Voraus bestimmt werden, denn auch das muß der in unserem sozialen Organismus bisher noch nicht möglichen Freiheit im Geistesleben überlassen werden.

Das notwendige Unternehmertum ist also zwangsläufig mit Kapitalbildung und Erwerb von Eigentum verbunden. Allerdings muß sich die

Gemeinschaft Mittel und Wege offenhalten, durch welche ungenutztes oder falsch verwendetes Eigentum enteignet und auf andere Eigentümer übertragen werden kann. Eigentum darf selbstverständlich vom Eigentümer nicht gewinnbringend veräußert werden. Man darf also die Freiheit im Geistesleben nicht mit Beliebigkeit verwechseln. Vielleicht kann das folgende Beispiel die Sache verdeutlichen:

Man würde dem Landwirt Eigentum an seinen Feldern gewähren, solange er diese im Sinne der Gemeinschaft beackert. Wollte er aber diese Felder zur Anlage eines Golfplatzes verkaufen, obwohl die Gemeinschaft die Erträge der Ackerflächen benötigt und sich keinen Golfplatz wünscht, so würde man dieses Vorhaben verhindern. Das stellt keineswegs einen Verstoß gegen die Freiheit im Geistesleben dar. Würde aber eine gewisse Mehrheit Interesse an einem Golfplatz bekunden und die Erträge der Felder auf andere Weise besorgt werden können, so stünde dem Golfplatz nichts im Wege. Der Landwirt würde allerdings seine Felder nicht gewinnbringend verkaufen, sondern gegen einen Selbstkostenpreis weitergeben, bzw. zu einem Preis, der ihn in die Lage versetzt, seine neue Betätigung aufnehmen zu können. Diese Dinge sind eigentlich ganz selbstverständlich aber ungewohnt. Hier muß eine neue Beweglichkeit entstehen, denn das heute geltende starre Recht macht vieles Gute unmöglich.

Im umgekehrten Falle, wenn z. B. der besagte Landwirt nicht Felder oder Immobilien abstoßen, sondern zusätzlich zu seinem Besitz erwerben wollte, weil die Gemeinschaft höhere Erträge von ihm fordert, so müßte er selbstverständlich von der Gemeinschaft dazu in die Lage versetzt werden. Hier kann die Gemeinschaft Erspartes zusammenlegen, wobei es eigentlich eher kein Erspartes geben sollte. Aber für bestimmte Projekte kann man es doch tun. Es könnte auch der Landwirt seine Preise erhöhen, um den Überschuß anzusparen. Dann würde die Gemeinschaft durch die höheren Preise den Zukauf finanzieren. Und natürlich könnte auch die Geldmenge erhöht werden für den Fall, daß sich durch die Investition der Wert des Geheimschafts-Vermögens erhöht. In der Praxis wird es auch immer wieder Höfe und Flächen geben, die von anderen Landwirten frei- oder aufgegeben werden. So könnte derjenige, der sich vergrößern will, auch einen freigewordenen Hof oder Teile der Flächen ohne großen Aufwand übernehmen, dadurch kann der Verkauf seiner Felder zum Selbstkostenpreis geschehen. Aus all dem würden sich völlig neue Verhältnisse ergeben.

19. Es fehlt das Wissen über Reinkarnation und Karma

Hat man den Geist verstanden und geht von dessen Existenz als Grundlage allen Seins aus, bedarf es mindestens noch der Kenntnis des Zusammenhanges von Reinkarnation und Karma, um ein ausreichendes Motiv zu haben, sich mit dem Thema eines freien Geisteslebens befassen zu wollen. Wer diese Dinge nicht kennt und versteht, kann sich nicht vorstellen, daß ein Mensch einen geistigen Lebensplan in sich trägt, welcher den Grund für sein Dasein in der materiellen Welt bildet. Wie soll es einen Lebensplan geben, wenn ich erst bei der Zeugung entstanden bin? Und was sollen Schicksalskräfte sein, wenn ich doch noch nie auf der Erde oder anderswo gelebt habe vor meiner Zeugung? Und warum soll ich mich anstrengen mehr als sich direkt im Physischen auszahlt, zu arbeiten, zu lernen, zu erkennen, wenn ich doch nach meinem Tode nicht mehr existiere? Wozu moralisch sein, wenn doch irgendwann alles vorbei ist? Nun gut, man will den Kindern und Enkeln keine Steine in den Weg legen und einen guten Eindruck hinterlassen, aber sonst...

Ohne die Idee der ewigen Existenz und zentralen Rolle des Menschen im Ganzen des Kosmos, sowie der lebensübergreifend wirkenden Schicksalskräfte, die Versäumtes und Ungesühntes aus früheren Leben in die Gegenwart tragen, fehlt die Möglichkeit, die dringende Notwendigkeit der Freiheit im Geistesleben einzusehen. Freilich gibt es noch eine ganze Reihe anderer Erkenntnisse, die den Sinn eines freien Geisteslebens verdeutlichen. Die hier getroffene Auswahl sollte aber genügen, um zu zeigen, wie dringend die Anthroposophie als Grundlage einer Wissenschaft vom Geistigen in der Welt benötigt wird, um den Menschen wenigstens einigermaßen klar sehen zu lassen, was er ist und was die Welt ist. Denn ohne jenes nur durch die Anthroposophie zu erlangende Mensch- und Weltverständnis, wird der Mensch das Entwicklungsziel dieses Lebens nicht erreichen. Das mag sektiererisch klingen, ist es aber vom Inhalt her nicht, denn die weise Weltenführung läßt nicht mehrere Eingeweihte auftreten, die den selben Inhalt verbreiten, in einer Zeit, wo Buchdruck und sonstige Medien weltweit wirksam sind. Insofern existiert dieses Menschheitsentwicklungs-Material, welches als Anthroposophie durch Rudolf Steiner erforscht und veröffentlicht den Christus-Impuls in der Sprache des 20. Jahrhunderts beschreibt, nur einmal auf der Welt. Ein weiterer Eingeweihter – so er denn käme – hätte eine andere Aufgabe.

Wer sich für die Anthroposophie interessiert, dem steht ein unglaublich umfangreiches Werk zur Verfügung. Es umfaßt ca. 380 Bände. Das meiste davon sind mit- und nachgeschriebene Vorträge, die Rudolf Steiner vor etwa hundert Jahren gehalten hat. Außerdem existiert eine schier unendliche Fülle von Werken der Anthroposophen über Rudolf Steiner und die Anthroposophie, zu denen nun auch dieses Buch gehört, so daß der Interessierte Mühe hat, die für ihn passenden Schriften zu finden. Eines steht fest: An Informationsmaterial fehlt es nicht. Die Frage, die sich aber stellt, ist: Wie erfolgreich ist man denn mit dem Studium der Anthroposophie? Wie weit kommen denn die Studierenden mit dem, was sie bei Rudolf Steiner und vor allem bei den schreibenden und lehrenden Anthroposophen lesen, hören und lernen? Wie hat das von dem großen Eingeweihten Gegebene seinerzeit auf Rudolf Steiners Anhänger gewirkt und wie wirkt es heute nach über hundert Jahren? Und warum ist die Anthroposophie nicht längst zu einem Kulturfaktor geworden, wie Steiner dies gehofft bzw. prognostiziert hatte?

Wenn man die Anthroposophie kennenlernt, was ich jedem empfehlen möchte, indem man Kurse besucht und Bücher studiert, kommt man zunächst ein gutes Stück im Selbst- und Weltverständnis voran, aber nach einer gewissen Zeit merkt man, daß der anfängliche Fortschritt stagniert. Zwar kann man immer neue Einzelheiten aus dem unendlichen Fundus der Anthroposophie zu sich nehmen. Der spirituelle Fortschritt aber bleibt vielfach aus. So jedenfalls habe ich es an mir selbst erlebt und von zahlreichen Menschen ähnlich lautend mitgeteilt bekommen. Und da ich nun früh durch Rudolf Steiner gelernt hatte, alle mir wichtigen Fragen konkret zu formulieren und sie immer wieder meditativ zu durchleben, sie gewissermaßen der Welt zu stellen und – und das ist entscheidend – nicht zu versuchen, sie selbst zu beantworten, so stellte ich auch diese Frage an die geistige Welt: Warum stagniert trotz Studium und Zuwachs an Wissen der innere Fortschritt? Und ich hoffte irgendwann intuitiv eine Antwort zu empfangen. Nachdem ich einige Zeit – vielleicht ein halbes Jahr lang – diese Frage gepflegt hatte, wurde mein Studium der Anthroposophie auffallend in eine bestimmte Richtung gelenkt. Nach und nach las ich immer mehr Vorträge Steiners, die sich mit dem Ausbruch des ersten Weltkrieges befaßten und mit den Machenschaften gewisser okkulter Logen und Orden des Westens, die eine Weltherrschaft anstreben. Zunächst fiel mir nicht auf, daß dies mit meiner Frage zu tun haben könnte. Erst nach Jahren erkannte ich den Zusammenhang.

Obwohl ich eigentlich wenig Interesse hatte, mich mit dem ersten Weltkrieg zu befassen, wurde ich immer wieder mit Aussagen Steiner gerade zu diesem Thema konfrontiert und zwar mit einem eigenartigen Nachdruck. Besonders beeindruckt war ich von der Aussage, daß die spirituelle Führungsrolle, welche Deutschland innegehabt hatte, durch das Verlieren des Krieges übergegangen war auf die Gewinner, auf das anglo-amerikanische Wesen. Und obwohl Rudolf Steiner nach dem Kriege noch unglaublich viel und tief geforscht hat, zeigte sich am Ende, daß er sein Werk nicht vollenden konnte, daß die Anthroposophische Gesellschaft ihn nicht trug, daß er unüberwindbarem Widerstand vor allem auch innerhalb der Gesellschaft gegenüberstand, weshalb er erkrankte und die Erde vorzeitig verlassen mußte. Und es scheint ein Geheimnis des Christus-Impulses zu sein, daß immer wieder hoffnungsvolle Ansätze da sind, die dann irgendwann die Kraft verlieren und ihr Ziel nicht erreichen. Das gilt auch für viele Anthroposophen: Sie arbeiteten sich mit Eifer und Begeisterung ein, erfuhren Ungeheuerliches, lernten und veränderten sich, aber dann stagnierte es und erreichte kein höheres Ziel. Der Grund dafür scheint mir tatsächlich darin zu liegen, daß der erste Weltkrieg der Mission Rudolf Steiners, die in der Implementierung der spirituellen Wissenschaft in die damals vorhandene Kultur Mitteleuropas bestand, einen derart schweren Schlag versetzte, daß deren Verwirklichung nicht mehr gewährleistet war. Eigentlich hätten die Gewinner des Krieges, an welche die spirituelle Führung der Welt übertragen worden war, die Aufgabe übernehmen müssen, die europäische Kultur zu spiritualisieren. Doch in dieser Hinsicht geschah nichts. Das macht noch einmal deutlich, daß von seiten der okkulten Weltführung im Widerspruch zum göttlichen Menschheits-Entwicklungsplan Spiritualität für die Weltbevölkerung nicht vorgesehen ist, sondern Materialismus pur, bis hin zu UFO- und Alienglaube, woran besonders die Jesuiten stark zu arbeiten scheinen. Hinzu kommt ein immer unverhüllter auftretender Hexenkult (Witchcraft) und ein schwarzmagischer Satanismus, der sich in weiten Kreisen besonders des kapitalistischen Establishments ausgebreitet zu haben scheint. Es herrscht also in gewisser Weise das Gegenteil dessen, was die Anthroposophie verwirklichen möchte. Und weil das so ist und weil aber die Anthroposophen in der Regel auf diese Tatsachen keine Rücksicht nehmen wollen, kann auch aus ihren Reihen kaum jene Gegenbewegung entstehen, welche den Materialismus und den damit verbundenen Niederung aufhalten könnte. Wer das nicht sehen will, ist nicht Anthroposoph und stellt Steiners Erkenntnisse in den luftleeren Raum, wo sie den Bezug zur Wirklichkeit nicht finden können. Und das ist das Problem der Anthroposophie nach Steiner, was besonders auch auf die Dreigliederung zutrifft, daß sie keine Praxis werden kann, weil sie in ein wirklichkeitsfernes Weltverständnis der Anthroposophen hineinverpflanzt wird, in welchem es keine weltkriegerzeugende Machtelite und kein indoktriniertes Volk mit all den daraus resultierenden Problemen gibt. Man möge doch endlich begreifen, daß die Anthroposophie nicht zufällig auch recht viele und genaue Angaben über jene tatsächlich vorhandene Weltverschwörung enthält. Sie ist das Gegenmittel schlechthin gegen alles, was die Menschheit vom Plan und Impuls des zum Christus auferstandenen Sonnesgottes abzubringen versucht. Darin liegt doch für die Wissenden auch eine ungeheure Verpflichtung gegenüber den Nichtwissenden. Es ist hier nicht der rechte Ort, diese Dinge näher auszuführen. Es soll hier lediglich auf die Gründe gewiesen werden, weshalb eine derart gute Sache, wie es die Dreigliederung innerhalb der Anthroposophie darstellt, bisher so fern jeder Möglichkeit verwirklicht zu werden liegt.

20. Es fehlt die Gedankenfreiheit bezüglich der Religion

Zumindest in Europa herrscht heute noch eine Freiheit bezüglich der Religion, nach welcher man leben möchte, auch wenn gewisse Kräfte des fundamentalen Islam dies durchaus ändern möchten. Innerhalb der verschiedenen Religionen wiederum herrscht weniger bis keinerlei Gedankenfreiheit, sondern oftmals Dogmatismus. Dieser wird auch zuweilen der Anthroposophie vorgeworfen und zwar durchaus nicht zu Unrecht, sofern man den Umgang mancher Anthroposophen mit dem Werk Steiners betrachtet. Von Rudolf Steiner selbst kann kein Dogma ausgehen, denn er schildert die geistige Welt wie sie ist und weiter nichts. Da kann kein Dogma enthalten sein. Wer dies trotzdem annimmt, hat die Sache nicht verstanden. Wenn jemand sagt: Im Wald stehen diverse Bäume, wird man ihm keinen Dogmatismus nachweisen können. Wenn aber Rudolf Steiner sagt, der Mensch habe einen Ätherleib, dann fassen dies einige schon als Dogma auf, weil sie den Ätherleib nicht sehen, nicht erleben können und ohne der Sache auf den Grund zu gehen davon ausgehen, daß es sich ja nur um eine Theorie Rudolf Steiner handeln könne. Da Steiner aber nicht sagt: er glaube, der Mensch habe einen Ätherleib, sondern dies als unumstößliche Tatsache darstellt, nennt ein solcher Mensch ihn dogmatisch – nicht ahnend, daß es für Rudolf Steiner war wie für uns mit dem Wald. Steiner schaut in die geistige bzw. astralische Welt und sieht bzw. erlebt den Ätherleib eines jeden Menschen und teilt dies mit. Das ist nichts weniger als objektiv und in keiner Weise dogmatisch. Der Anthroposoph, der dies von Rudolf Steiner erfährt, muß aber natürlich anders damit umgehen, als dies Rudolf Steiner konnte. Unsereiner muß, wenn er über die Anthroposophie spricht, sagen: Nach Rudolf Steiner hat jeder Mensch einen Ätherleib. Und das wird leider allzuoft vergessen. Ich kenne das sehr gut aus eigener Erfahrung. Man darf nicht so reden, als habe man selbst in die geistige Welt geschaut, wenn man nur über sie bei Steiner gelesen hat. Man darf niemals Rudolf Steiner von seinem Werk trennen. Man muß stets das tatsächliche Verhältnis im Bewußtsein haben und bei seinen Äußerungen berücksichtigen. Nicht ich bin Rudolf Steiner, nicht ich bin Buddha, Mohammed, Jesus-Christus oder Moses, sondern ich bin der, der von diesen Kenntnisse über das Geistige in der Welt erhalten hat. Und ich bin ggf. gewillt, ihnen zu glauben, ihre Gedanken meinem Weltbild zugrunde zu legen. Ich darf mich aber nicht an ihre Stelle setzen wollen und das Offenbarte zum Dogma erheben, um andere damit zu tyrannisieren. Das ist ein sehr wichtiger Punkt, der jetzt in Europa sich in den Fokus drängt, weil hier dem verblaßten Kirchen-Christentum ein fundamentaler Islam gegenübertritt. Freiheit im Geistesleben muß auch die völlige Religionsfreiheit bedeuten, womit auch der Rechtsbereich ins Spiel kommt. Denk- und Glaubensvorschriften sind unerlaubte Übergriffe auf freie Menschen und stellen ein Unrecht dar. Einen Zwang darf es auch in dieser Hinsicht auf gar keinen Fall geben, wenn die Menschen friedlich zusammenleben sollen. Dies muß aber vor allem auch innerhalb der einzelnen Bekenntnisse gelten. Jeder Buddhist, jeder Moslem, jeder orthodoxe Jude oder Christ muß innerhalb seiner Zugehörigkeit zu einem Bekenntnis vollkommen frei gelassen werden bezüglich dessen, was er glaubt und was er nicht glaubt. Es darf einfach niemand mehr einen Zwang, eine Gewalt, eine Tyrannei über andere ausüben. Dies ist simpel, vollkommen leicht zu verstehen, ja, es ist selbstverständlich, aber es muß konsequent durchgesetzt und eingehalten werden. Wer sich nicht daran hält, stört die öffentliche Ordnung und muß aufgeklärt und ggf. umerzogen werden. Und das ist ein großes Problem, es muß eine Erziehung zur Freiheit geben. Denn Freiheit bedeutet für den Menschen alles andere, als daß er durch sie tun und lassen könne, was ihm beliebt. Erziehung zur Freiheit bedeutet dagegen, zu üben, das Vorliegende erkennen und das Angemessene tun zu können. Die Bedürfnisse der anderen zu erfassen, die eigenen Talente richtig einzuschätzen und ggf. zu erweitern, um sich adäquat in den sozialen Organismus einbringen zu können. Dabei kann das von mir verwendete »muß« nur ein freiwillig durch Einsicht erbrachtes Wollen sein.

21. Freiheit und Kunst

Es wird gewiß Menschen geben, die meinen, daß in der Kunst die geforderte Freiheit herrsche. Und natürlich kann man heute nicht von einer Zwangskunst sprechen, wie man sie aus sozialistischen Diktaturen einschließlich der Nationalsozialisten kennt, obwohl wir deutlich schon wieder auf dem Wege zu solchen Verhältnissen sind. Doch auch unabhängig von linksextremen Kunst-Schmähungen bzw. propagandistischen Kunstprodukten täuscht der Eindruck der Freiheit auf diesem Gebiet. Zum Einen existiert eine staatlich subventionierte Kunstszene, deren Produkte vielfach nicht wirklich gebraucht werden, die nur aus der Subvention heraus lebt. Hier herrscht nicht Freiheit sondern Beliebigkeit, was mit Freiheit im Geistesleben wiederum nicht gemeint sein kann. Zum Anderen existiert eine kommerzielle Szene, die noch dem eigentlichen Kunstschaffen am nächsten steht, die aber wegen des Kommerziellen eben auch nur bedingt als frei zu bezeichnen ist. Außerdem findet man viele künstlerische Arbeiten innerhalb der Produktgestaltung und Werbung. Hier wird teilweise Bedeutendes geleistet auf den Feldern des Designs, der Musik, Text- und Bildgestaltung, aber es steht all das im Dienste von Produkten und vor allem im Dienste des Profites und ist von daher korrumpiert.

Da stellt sich die Frage: Was soll das freie Geistesleben bezüglich wahrer Kunst leisten? Kunst soll Geistiges und Seelisches – oder sagen wir Nicht-Materielles – im Physischen erlebbar machen. Warum? Weil uns damit das Geistige und Seelische als das ursächlich Schaffende nahegebracht wird. So kann z. B. ein Drama das geistige Prinzip der Tragik erlebbar machen, dadurch, daß eine glaubhafte Situation geschildert wird, aus der es keinen Ausweg gibt. Durch die Kunst zu erleben, daß es schicksalhafte Situationen gibt, aus denen es kein Entrinnen geben kann, ist außerordentlich wichtig für jeden Menschen. Daher sind beispielsweise Tragödien als künstlich zum Erleben gebrachte Lebenssituationen für den Menschen wichtig und wünschenswert. Der Künstler würde also keineswegs einfach etwas Beliebiges zur Darstellung bringen, sondern versuchen, genau diesem Sinn zu entsprechen. Der Maler würde nicht in Naturalismus oder abstrakte

Beliebigkeit verfallen, sondern auch er würde Geistiges und Seelisches zur Anschauung zu bringen versuchen – gleichgültig, welche Form der Darstellung er wählt. Denn es sind alle Mittel erlaubt, solange dem Ziel wirklich gedient wird. Nur dann, wenn der Kunstbetrachter das Seelische oder Geistige des Kunstwerkes an demselben erlebt, kann man von Kunst sprechen – viel weniger, wenn allein die Launen, Vorlieben, Begierden und die Egozentrik des Künstlers vorgeführt werden.

Die Freiheit in der Kunst würde bedeuten, daß der Künstler sich ganz am Sinn der Kunst orientieren würde, weder nur am Bedarf noch allein an seinen eigenen Wünschen. Das kann nur gelingen, wenn er mit dem Sinn des Menschseins und den Zielen der Entwicklung vertraut ist, wie sie als Forschungsresultate in der Anthroposophie vorliegen. Der Künstler würde z. B. in der Stadt oder dem Dorf herumgehen und schauen, wie die äußere Erscheinung durch künstlerische Maßnahmen verbessert werden könnte – wie Straßenzüge, Häuserfronten, Parks, technische Einrichtungen z. B. miteinander in einen harmonischen Zusammenklang gebracht werden könnten. Damit ist natürlich nicht gemeint, mehr dekorative Elemente auszubringen. Wenn dann der Künstler realisierungsfähige Ideen entwickelt hat, müßte er innerhalb des Geisteslebens diese Ideen durch Modelle und Entwürfe erlebbar, anschaubar bzw. nachvollziehbar machen, um sie dem Publikum zu präsentieren mit dem Ziel, Unterstützer für seine Projekte zu rekrutieren. Sobald sich ausreichend Menschen gefunden haben, die an einer Verwirklichung einer solchen Idee ein Interesse haben, kann die Umsetzung in Angriff genommen werden. Dabei wird noch einmal deutlich, was ein freies Geistesleben bedeutet: Es muß einen Ideen-Markt geben, an welchem sich die gesamte Gemeinschaft beteiligt. Jeder wäre aufgefordert, Ideen zu haben und sich für solche der anderen zu interessieren. Dieser Ideen-Markt bräuchte eine ausgefeilte Organisation, eine Gliederung nach Ideen-Bereichen, die in einer Art Regierung gipfelt. Die Kunst würde darin nur ein Bereich von vielen sein können, wenngleich auch nicht ein unwichtiger, sondern eine solcher, der alle Bereiche des Lebens befruchten soll.

Hinzu kommt, daß innerhalb des Kunstbereiches eines solchen Geisteslebens nicht nur die Künstler ihre Ideen präsentierten, sondern es würden alle Mitglieder der Gemeinschaft ihre künstlerischen Bedürfnisse formulieren und an die Künstler herantragen, so daß nicht nur zahlungskräftige Kunstsammler und Galleristen, wie dies heute der Fall ist, Ideen an die Künstler herantragen, sondern potentiell alle Mitglieder, und es würden dann hoffentlich die Bedürfnisse aller Berücksichtigung finden. Auf diese Weise würde unser Leben jenen so sehr vermißten Anteil an Kunst erhalten, der sich ohne jeden Zwang ergibt. Alle Übertreibungen würden vermieden, weil die Künstler nicht zur Erwirtschaftung ihres Einkommen Kunst produzieren müßten. Und allmählich würde die Gestaltung des Alltags künstlerisch getragen sein können, so daß die Menschenseele sich sehr viel weniger an der Welt verletzte, als dies heute der Fall ist. Durch diese Form der Kunst würden die Mitglieder der Gemeinschaft allmählich eine ganz andere Seelengestalt erhalten. Denn Kunst formt die Seelen. Und ein Seelenformer soll der Künstler sein. Die Ideen werden Mitteilungen der geistigen Welt sein, die dem Künstler intuitiv aufgehen, wenn er es versteht, in der rechten Fragehaltung zu leben. Diese Haltung entspricht der erwähnten moralischen Phantasie, die man vielleicht in diesem Zusammenhang auch als ästhetische Phantasie bezeichnen kann. Schauen wir dazu ein Beispiel an:

Wenn mir auffällt, daß ein bestimmtes Gebäude mit seiner Front die Optik eines ganzen Straßenzuges stört und ich beginne, über die Milderung dieses Tatbestandes nachzudenken, so ist dies gewissermaßen moralisch, denn es dient der Allgemeinheit mindestens ebenso wie mir. Vielleicht bin ich auch gar nicht oft in dieser Straße, aber es fällt mir diese Häuserfront auf und ich ergreife, was ich mir zur Pflicht auferlegen könnte, die Gelegenheit, nun über eine Änderung nachzudenken. Ich betätige meine moralische – meine ästhetische – Phantasie und entwickle in meiner Vorstellung Entwürfe, wobei ich immer wieder frage: Wie könnte die unharmonische Wirkung der Häuserfront gemildert oder gar aufgehoben werden? Und vorausgesetzt, ich tue dies nicht, weil ich sowieso an allem etwas auszusetzen habe oder gern meine Künste vorführen möchte, sondern einfach, weil mir das Unharmonische gewissermaßen entgegenspringt und ich dieses zum Wohle aller mildern möchte, dann erfüllt dies die Voraussetzungen zum Empfangen von moralischen Intuitionen. Dann treten möglicherweise

Ideen in mir auf, die nicht von mir selbst erzeugt worden sind, sondern die Mitteilungen der geistigen Welt, ja, die gewissermaßen Antworten auf meine Fragen darstellen. Also, wie gesagt, es erscheinen hier keine Offenbarungen der Götter im alten Sinne, bei denen die geeigneten Menschen ungefragt Anweisungen erhielten. Die moralische Intuition tritt nur auf, wen ich mich mit den Themen intensiv befasse, wenn ich Fragen stelle und sie erscheint nicht als Befehle, sondern als Ideen, die ich unbedingt verwirklichen will, weil sie mir ganz entsprechen. Es tritt nicht unvermittelt, ohne daß mir das Unharmonische der Häuserfront je aufgefallen wäre, der Befehl auf: Gestalte die Front neu! Das wäre wie eine Offenbarung im alten Sinne. Sondern die Intuition erscheint, weil mir die Sache ein Anliegen ist, weil ich sie mir zu eigen gemacht habe. In diesem Sinne würde ein geistig freies, aber keineswegs beliebiges Kunstschaffen unsere Welt allmählich vollkommen umgestalten.

22. Es fehlt Gleichheit im Rechtsleben

Mit dieser Behauptung ist nicht etwa gemeint, daß vor Gericht mit zweierlei Maß gemessen würde, was ja durchaus vorkommt. Gemeint ist ein sehr viel komplexerer Zusammenhang, welcher den heutigen Menschen noch recht fern zu liegen scheint.

Das Rechtsleben umfaßt die Gesetzgebung in Form des beschließenden Parlamentes, die Regierung, die Justiz, die Polizei und die Armee. Das sind all jene Einrichtungen, welche die Sicherheit der Menschen der Gemeinschaft garantieren sollen und die dazugehörige Verwaltung, bei der die Menschen der Gemeinschaft registriert sind. Nach Rudolf Steiner sollte das Rechtsleben nur jenen Bereich umspannen, in dem die Menschen wirklich gleich sind. Im Bereich der Fähigkeiten, dem Geistesleben, sind die Menschen verschieden und so auch im Bereich der Bedürfnisse, im Wirtschaftsleben. Nur im Rechtsleben herrscht das Ideal der Gleichheit. Wieso aber – wird sich mancher fragen – wird hier behauptet, daß in unserem System eine Gleichheit im Rechtsleben nicht vorhanden sei? Wie gesagt, die Sache mit den zweierlei Maß und den immer wieder zu beobachtenden Ungerechtigkeiten vor Gericht sind hier nicht gemeint. Was also ist gemeint?

Gewöhnlich nimmt man an, wir lebten heute in einer Demokratie, und zwar so, daß alle Macht vom Volk ausginge. Das Volk sei der Souverän, heißt es. Alle vier Jahre wählen wir innerhalb der repräsentativen Demokratie unseren Repräsentanten, der uns in der Regel nicht einmal kennt, aber uns repräsentiert und über diesen üben wir unsere Macht aus, wir bestimmen mit. So macht man uns denken und eine nicht geringe Anzahl mehr oder weniger intelligenter Menschen glaubt, daß dies so funktioniere. Dabei gehört schon eine große Portion Unverstand dazu, diese doch so offensichtliche Unwahrheit unwidersprochen hinzunehmen. Fragt man jemanden, ob er denn schon einmal irgendwo mitbestimmt hätte, so kommen höchstens Beispiele aus der Kommunalpolitik zum Vorschein, ansonsten aber wird deutlich, daß keinerlei Einrichtungen bestehen, die Anliegen der Wähler zu ermitteln. Also ist die Rede von der Demokratie reine Propaganda. In Wirklichkeit existiert sie nur zum Schein. Der nächste Irrtum besteht darin, zu glauben, daß unsere Repräsentanten, die Politiker, ihre eigenen Ideen in die Parlamente und sonstigen Gremien einbringen. Das kommt zwar vor, aber es ist nicht von entscheidender Bedeutung. Die Politiker sind nicht beauftragt, Ideen zu haben, welche das Gemeinwohl fördern, sondern sie handeln nach gewissen Vorgaben außerparteilicher und außerparlamentarischer Quellen, die der Öffentlichkeit nicht bekannt sind. Da denkt man zunächst an die Lobbyisten, die gewiß auch einen Einfluß haben aber hier nicht gemeint sind. Denn diese Interessenvertreter bestimmter Branchen und Verbände sind ja noch halb offiziell und in gewissem Umfang akzeptierbar. Der entscheidende Einfluß auf die Politik geht jedoch aus »Empfehlungen« einer nicht als solche in Erscheinung tretenden Oligarchie oder Plutokratie hervor, die in Geheimgesellschaften, wie z. B. den sogenannten Ur-Logen organisiert sind und ihrerseits wiederum von Okkultisten gesteuert werden. Ihre Pläne werden dann über gewisse Denkfabriken, wie etwa die Atlantikbrücke, die Trilaterale Kommission, den Club of Rome und andere NGOs den Parlamentariern zugetragen. Es bestehen verschiedene verborgene Zusammenschlüsse der Besitzenden und Wissenden, die einander durchaus nicht immer wohlgesonnen sind, die schwere Kämpfe hinter den Kulissen ausfechten und zu unterschiedlichen Anteilen die Weltgeschichte bestimmt oder mitbestimmt haben. Von diesen geht die eigentliche Macht aus und wird mit äußerst drastischen Mitteln auf allen Ebenen durchgesetzt. Darauf weist Rudolf Steiner deutlich hin. Diese okkultistisch gesteuerte Oligarchie, zu der z. B. auch der militärisch-industrielle Komplex gehört, besitzt auf verdeckte Weise die Macht über die Parteien, die Wirtschaftskonzerne, die Medien und die sämtlichen staatlichen und sonstigen öffentlichen Einrichtungen. Sie kooperiert mit Geheimdiensten, Söldnern und Terroristen, tritt aber nirgends als Machthaber in Erscheinung, sondern steuert, von Ausnahmen abgesehen, jene die als reine Befehlsempfänger das öffentliche Geschehen vorgeben im Namen des Volkes zu leiten. Die insgeheim führende Elite schützt sich, indem sie die öffentliche Meinung von Gedanken, wie sie hier anklingen, fernhält und z. B. den Kampfbegriff der Verschwörungstheorien lanciert. Die Verschwörung tarnt sich, indem sie eine Stimmung propagiert, die jeden zum Idioten stempelt, der glaubt, daß es Verschwörungen geben könnte. Aber natürlich ist jedem Karrieristen klar, daß verborgene Machtzentren bestimmen, wer politisch oder wirtschaftlich aufsteigt und wer nicht. Es handelt sich also bei all den Gesetzen und Verträgen, die in Bundes- und Landtag verhandelt werden, nicht um Abmachungen zwischen Gleichen, sondern um Diktate einer okkulten Macht-Elite, die »im Namen des Volkes« durch das Parlament rechtskräftig werden. »Im Namen des Volkes«, das es nach heutiger Lesart gar nicht mehr gibt, bedeutet also, daß dieses nicht mehr existierende Volk, welches der Souverän sein soll, keinerlei Anteil und ebensowenig einen Vorteil an den Beschlüssen hat. Das ist so ziemlich genau das Gegenteil dessen, was eigentlich herrschend sein sollte.

Bis in die heutige Zeit hat es diese Elite verstanden, sich unsichtbar zu halten. Rudolf Steiner wies schon vor hundert Jahren auf diese Gruppen hin. In den letzten Jahren ist durch den unermüdlichen Einsatz investigativer Journalisten, Historiker und Privatforscher hauptsächlich mittels des Internet allerlei ans Tageslicht gekommen, welches das von Steiner beschriebene Wirken der genannten Elite-Gruppen einwandfrei nachweist und damit klar macht, daß sicher nicht nur die Geschichte der letzten 150 Jahre allein aus diesen Kreisen heraus gestaltet worden ist. Ob sich daran etwas ändern wird, werden wohl die Jahre ab 2019 zeigen. Aber das soll hier nicht betrachtet werden. Sondern hier geht es um die Gleichheit im Rechtsleben, die wenn sie nicht gegeben ist, ein auskömmliches Zusammenleben von Menschen verunmöglicht. Wir stellen also fest, daß innerhalb des Rechtslebens unserer sogenannten Demokratie sich gegenüberstehen eine oder mehrere okkulte Machteliten und das wirtschaftlich von den Machthabern abhängige Volk in völliger Ungleichheit. Dies als die Folge einer äußerst geschickt ausgeführten und geheimgehaltenen Machtentfaltung oder sagen wir Politik. Schauen wir daher noch einmal den Machtbegriff an.

Was ist Macht?

Diese entscheidende Fähigkeit des Menschen und in gewissem Sinne auch der Pflanzen und Tiere besteht zunächst in der Möglichkeit, sich selbst in ein bestimmtes wünschenswertes Verhältnis zur Umwelt versetzten und zu diesem Zweck in die Umwelt verändernd eingreifen zu können. Dies äußert sich zunächst in der Fähigkeit, den eigenen Leib in der Umgebung lebensfördernd zu bewegen und durch ihn auf die Wesen und Gegenstände der Umgebung verändernd einzuwirken. Bei Tier und Mensch geschieht dies zunächst instinktiv, hat sich aber beim Menschen dahin entwickelt, daß wir aus dem denkenden Erkennen unserer Situation in der Umwelt ein Verhalten, ein Handeln bewußt wollen können. Wir können uns bewußt nach Impulsen verhalten, welche nicht aus Trieb und Instinkt gewissermaßen automatisch hervorgehen, sondern die unser erkennendes Ich, also wir selbst, veranlassen. Hier müssen wir also wieder unterscheiden zwischen Natur-Willen und Ich-Willen. Wir haben Macht über unseren Leib, sich nach unseren Erkenntnissen und Absichten zu bewegen, zu verhalten. Ja, wir haben die begrenzte Macht, unsere gesamte Organisation einschließlich des Erkennens willentlich zu steuern. Wir haben in unserem Ich-Willen die Macht, gegen den Naturwillen der Triebe, Begierden und Instinkte vorzugehen und auf andere Wesen gegen deren Willen einzuwirken. Die Macht ist also ein Willensgeschehen, wobei der Wille die wirkliche Tatkraft darstellt. Der bewußte Teil unseres Iches bemächtigt sich der Seele und des Leibes, um seine Ideen und Wünsche in der Welt umzusetzen. Und dabei bemächtigen wir uns nicht nur unserer Organisation, sondern auch unserer Umgebung, der Minerale, der Pflanzen, Tiere und Mitmenschen um hier nur das Wahrnehmbare zu nennen. Wir greifen in das Dasein anderer Wesen ein. Das ist die Ausübung von Macht. Ich übe Macht auf den Erdboden in meinem Garten aus, indem ich ihn umgrabe. Ich gebe dem Mineralischen eine andere Lage. Ich übe Macht über den Sauerstoff aus, indem ich einatme und umwandle und so ist es gegenüber allen Mit-Wesen, den Pflanzen, Tieren und Menschen – von den unsichtbaren Wesen ganz zu schweigen. Ich übe ständig Macht aus durch die Umsetzung meines Willens, meines Naturwillens und meines Eigenwillens.

Die besondere Situation des Menschen gegenüber der von ihm ausgeübten Macht besteht in Willkür, der von der Natur losgelösten Möglichkeit, wollen zu können, was man als wollenswert erkannt hat. Natürlich üben Tiere und in gewissem Sinne Pflanzen auch Macht aus. Ja selbst das tote Mineral in Form von Luft, Wasser und festen Stoffen kann eine gewaltige Macht über uns ausüben, bei der wir aber den Wollenden nicht kennen bzw. erkennen. Der Unterschied zum bewußt wollenden Menschen besteht darin, daß das Mineral, die Pflanze und das Tier ihre Macht nicht durch ihre Willkür, durch ihr bewußtes, aus Erkenntnis resultierendes Eigen-Wollen ausüben, sondern aus dem in ihnen ungefragt waltenden Natur-Willen. Geht man durch Geisteswissenschaft dem unbewußten Natur-Willen auf den Grund, so kommt man auf über- und untermenschliche Wesen, die in den verschiedenen Trieben, Begierden und Instinkten gezwungenermaßen wirksam sind. Der Wollende ist in diesem Fall die Natur, die Schöpfung bzw. der Schöpfer selbst, der durch gewisse geistige Wesen als Trieb, Instinkt oder Naturgesetz in den Wesen und Elementen wirkt.

Die in Willkür ausgeübte Macht des Menschen ist hauptsächlicher Gegenstand des Rechtsbereiches im sozialen Leben. Dabei dürfte jedem klar sein, daß auf Macht in keinem Falle verzichtet werden kann, daß aber die unangemessene Ausübung von Macht über andere Menschen und anderes das eigentliche Problem der sozialen Auseinandersetzung darstellt. Und damit sind wir wieder bei der Rechtsfrage. Jeder muß das Recht haben, seinen Bedürfnissen entsprechend Macht auf anderes auszuüben. Die Frage ist nur, ob diese Machtausübung angemessen, gerecht, für die Betroffenen akzeptierbar durchgeführt wird oder ob dabei das Recht anderer verletzt wird. Das dies Letztere der Fall ist, scheint eine Binsenweisheit zu sein. Da aber die unangemessene Machtausübung heute sozusagen System ist, wird das Problem – wenn überhaupt – meist nur verzerrt wahrgenommen. Es muß sich daher zunächst die Erkenntnis durchsetzen, daß es ein konstruktives Miteinander nicht geben kann, solange okkulte Eliten über ein Arbeitsvolk herrschen, gleichgültig wie sie diese Tatsache zu verbergen suchen. Sie streben an, so beschreibt es Rudolf Steiner, das Arbeitsvolk zu versklaven. Und an dieser Stelle sind die Sozialisten bzw. Kommunisten aufgefordert zu erkennen, daß die Ideen, welchen sie folgen, eben auch von solchen zu Elite-Kreisen gehörenden Menschen entworfen und gefördert wurden. Was eine Bewegung gegen das Unternehmertum zu sein schien, wurde von den okkulten Kreisen in eine Form gebracht, die als Lenkungsinstrument für die Sklavenkaste dienen soll. Allein die moralisch erarbeitete Anthroposophie Rudolf Steiners ist als solche frei von elitären Kreisen und niederen Absichten. Bei den anthroposophischen Einrichtungen muß man bereits achtsam sein. Die Eliten lassen nichts unversucht, alles, was ihren Interessen entgegenstrebt, zu unterwandern. Und wie die »offene Gesellschaft« mit ihrer Verschwörungs-Schelte von 2019 gezeigt hat, lieben die Einrichtungen ihre Unterwanderer mehr als Rudolf Steiner.

Nun darf man allerdings bei dieser Art der Betrachtung nicht auf die Idee verfallen, daß diejenigen, welche die Menschheit nach ihren Interessen zu lenken versuchen, sich die Verhältnisse nach Gutdünken eingerichtet hätten und uns ganz gegen unsere Natur ihr System aufgezwungen hätten. Denn diese okkulten Leute besitzen genaueste Kenntnisse der Menschennatur, der Völker und Rassen und außerdem kennen sie die kosmischen Entwickelungsimpulse, die permanent der Menschheit aus dem Kosmos zufließen, so daß sie all jene Kräfte nutzen, die führend, lenkend, gestaltend von Tierkreis und Planeten kommend in die Menschheit eingreifen. Sie wissen genau, welche kosmischen Impulse wann zu erwarten sind und manipulieren uns und die Lebensverhältnisse in einer solchen Weise, daß uns Betroffenen die manipulierten Verhältnisse mehr oder weniger natürlich vorkommen. Von daher erscheint uns das politische System, in welchem immer irgendwelche Höheren über Niedrigere herrschen, nicht so besonders unnatürlich – obwohl es unserem Entwicklungsstand nach unnatürlich ist. Es fällt uns dies deshalb nicht auf, weil das Herrschen einzelner Fähiger über viele Unselbständige in alter Zeit durchaus angemessen und notwendig war. Von daher hatte in alter Zeit mit einem gewissen Recht der – wie man sagt – Stärkere seine Macht über seine Mitmenschen ausgeübt. Dabei handelte es sich um Instinkte, wie sie im Tierreich zu beobachten sind. Der Stärkste bzw. Überlegene sollte die Gemeinschaft führen und die meisten Nachkommen erzeugen, weil er im Kampf ums Überleben die größten Chancen hatte und weil sein Erbgut das Wertvollere war. Diese primitiven Urprinzipien haben die Urzeiten in gewissem Umfang prägen müssen, weil im Anfang der Erdenentwicklung der Mensch noch in keiner Weise ein mit dem heutigen vergleichbares Erkenntnisleben entwickelt hatte und der Eigenwille noch sehr wenig ausgebildet war.

Aber das ist der Entwicklungsplan: Der Mensch soll ein selbständiges Wesen werden, welches seinen Willen nach seiner Erkenntnis einzurichten versteht. Er betritt daher – wie ein Neugeborenes – als vollkommen unselbständiges Wesen die junge Erde und sondert sich, indem sich sein Erkenntnisleben entwickelt, Schritt für Schritt von seiner Führung ab, die aus höheren Wesen und einem instinktiven Naturwillen besteht. Der sich als Trieb, Begierde und Instinkt äußernde Naturwille führt zu Beginn der Erdenentwicklung den nur sehr wenig bewußten Menschen fast vollständig und wurde seither schrittweise durch den an der Erkenntnis sich entzündenden Eigenwillen ersetzt. Das Recht des Stärkeren ist also ein Teil der menschlichen Natur, welcher aber durch das entwickelte Erkenntnisleben schon seit langem überwunden sein sollte. Wenn man jedoch das Erkenntnisleben in bestimmter Weise manipuliert, oder auf niedrigem Entwicklungsstand zurückhält, dann lassen sich diese alten Führungsprinzipien weiterhin bedienen bzw. wieder aktivieren. Daher finden sich diese Formen der alten Machtanwendung bei zurückgebliebenen Kulturmenschen und rückständigen Naturvölkern ebenso wie bei der Mafia, in den Slums und in Straßen-Gangs. Wenngleich diese Sichtweise heute unpopulär ist, so muß doch der Entwicklungsstand eines Menschen vor allem daran gemessen werden, inwieweit er in der Lage ist, die Situationen des Lebens zutreffend zu erkennen und seinen Willen bei der Machtausübung, bei der Bewältigung der Lebensaufgaben, durch moralische Intuitionen zu lenken.

23. Es fehlt das Verständnis des Mysteriums von Golgatha

Besonders schwierig wird es, wenn trotz entwickelten Erkenntnislebens auf die Macht des Stärkeren zurückgegriffen wird, wenn also Menschen, welche es besser wissen, bewußt diese archaische Methode anwenden, sich durch Machtmißbrauch eine unrechte Geltung in der Gemeinschaft zu verschaffen. Dieses derzeit die westliche Welt beherrschenden Prinzip ist ahrimanischer Natur. Man herrscht über andere durch unangemessene Machtausübung und gibt damit der Menschenwelt ihre Gestalt. Wir müßten erkennen, daß wir nur dann eine Zukunft haben werden, wenn dies so schnell wie möglich überwunden wird. Das fällt deshalb so schwer, weil es sich um ein uraltes Lebensprinzip handelt, das ursprünglich durchaus seine Berechtigung hatte, diese aber heute in keinem Fall mehr haben darf. Man schaue nur einmal auf den Bereich der Prostitution. Dort finden wir noch Reste alter Machtausübung, indem der Zuhälter seine Huren vergewaltigt, um sie auf sich zu prägen, was offenbar auch noch immer gelingen kann. Aus einem uralten Instinkt, der nicht in jedem Falle heute noch funktionieren muß, aber doch wohl noch häufig auftritt, folgt offenbar die Frau dem, der sie – wenn auch gewaltsam – »schwängert«, was in alter Zeit offenbar gängige und nachvollziehbare Praxis war. Das ist kein schönes Thema, gewiß, aber noch heute finden wir im Bereich der Vielweiberei, der Kinder-Heirat und des Töchter-Verkaufens an den zahlenden Ehemann diese Art der in der heutigen Zeit unangemessenen Machtausübung mittels Sexualität. Wobei zu bemerken ist, daß man nicht die romantische Vorstellung haben sollte, daß in alter Zeit und in den heute noch vorhandenen Nachklängen, die Menschen einander in Liebe zugetan waren bzw. sind. Sondern vielfach herrschte und herrscht noch heute anstelle eines Liebesverhältnisses ein Machtverhältnis. Wenn aber innerhalb des Erkenntnislebens sich das Selbstbewußtsein zu einer gewissen Höhe entwickelt hat, kann eben der Mensch in diese in ihm wirkenden Naturvorgänge erkennend eingreifen. Und darum geht es in der gesamten Menschheitsentwicklung:

um den Eingriff des Eigenseins, des Eigenwillens in die Natur des Menschen und der Welt. Diesen Eingriff zu erüben, zu entwickeln, zu gestalten bis hin zur selbstlos-liebevollen Tat aus kosmisch-vollkommener Weisheit im Sinne der gesamten Welt, ist der Sinn des menschlichen Daseins. Und der Sinn unseres gegenwärtigen Erdenlebens ist es, dies zu begreifen und zur Grundlage unseres gesamten Strebens zu machen. Deshalb wurde den Mitteleuropäern die Anthroposophie übereignet, denn nur aus ihr kann die Kenntnis des beschriebenen Lebenssinns der Menschen gewonnen werden. Wird dieser Sinn nicht gefunden und ergriffen, so werden wir die Prüfung nicht bestehen, die gegenwärtig auf uns zueilt und darin besteht, all denen die jetzt massenweise zu uns kommen, dieses Geheimnis mitzuteilen und vorzuleben.

Die massenweise anreisenden Neu-Europäer stecken größtenteils in einer Ideologie und Religion darinnen, die ihnen keine Entwicklungsmöglichkeit mehr bieten kann. In abgeschwächter Weise trifft dies auch auf die europäisch angestammten Menschen zu. Der Islam, das orthodoxe Judentum, das Kirchenchristentum, der Buddhismus und alle anderen Religionen sind vorchristlich, alttestamentarisch bzw. greifen – wie Islam und Kirche – auf alttestamentarische und andere archaische Lebensformen unselbständiger Menschen zurück. Sie wollen den zur Selbständigkeit veranlagten Menschen nach den Regeln für den unselbständigen Menschen uralter Zeiten lenken. Das bedeutet, daß der beschriebene Eingriff des Eigenseins in die Natur nach festgelegten Regeln und Gesetzen geschehen soll. Das kann heute nicht mehr funktionieren. Die Kirche macht sich unchristlich indem sie Dogmen aufstellt. Der Christus hat in jede Menschenseele hineinversenkt seine gesetzgeberische Fähigkeit, aus der er damals als der Sohnesgott den Hebräern (zehn Gebote) und den anderen Volksreligionen die moralischen Gesetze vorschrieb. Das war für die unselbständigen Menschen notwendig. Nachdem aber eine gewisse Stufe der Selbständigkeit erreicht war, sollte sich das ganze Verhältnis ändern. Jetzt sollten die Menschen wirklich vollständig selbständig werden. Insofern sind durch das Mysterium von Golgatha die dogmatischen Regeln und Kulte aller alten Religionen für die sich weiterentwickelnden Menschen ungültig geworden. Und auch wenn man ihnen eine gewisse lange Frist des Auslaufens ihrer Gültigkeit einräumt, ist in der heutigen Zeit jeder Mensch aufgefordert, unabhängig von Vorschriften und Gesetzen seinen persönlichen Eingriff in die eigene und die ihn umgebende Natur, sowie in den sozialen Organismus nach eigenem Erkennen selbst zu gestalten. Jeder ist jetzt ein Gesetzgeber für sich, jeder ein Pfadfinder auf den Wegen der freien Moralität. Allerdings stellt man heute keine dauerhaften Gesetze mehr auf, sondern sucht und findet das angemessene Verhalten dem anderen gegenüber jeweils neu. Dies ist der Inhalt des Christus-Impulses, der sich durch das Mysterium von Golgatha in die Menschenwelt ergossen hat. Dies ist auch der Inhalt der Anthroposophie. Und es ist auch das Ziel auf welches alle alten Religionen hinarbeiteten, denn wie im Alten Testament, wurde auch in anderen Religionen das Kommen eines neuen Gottes, eines neuen Kultes, eines neuen Menschen und einer neuen Welt immer und immer wieder angekündigt. Und es ist tatsächlich geschehen. Das Mysterium von Golgatha hat sich wirklich ereignet. Nur müssen es die Menschen jetzt endlich einmal bemerken und begreifen.

Die ersten, die es begriffen hatten, waren die Jünger und Apostel, dann die Urchristen, dann die sogenannten Heiligen und Eingeweihten. Jetzt müssen es vor allem die Addressaten der Anthroposophie, die für Spirituelles zugänglichen Mitteleuropäer begreifen, damit sie zu dem finden, zu dem sie gedacht sind: der Welt kundzutun und vorzuleben, wie es ist, wenn man sein Willensleben soweit kultiviert hat, daß man gelernt hat, bei der notwendigen Ausübung von Macht, beim Eingreifen in die Welt, in den sozialen Organismus, die berechtigten Anliegen der anderen in Angemessenheit zur berücksichtigen. Das ist die Aufgabe des Mitteleuropäer gerade angesichts der vielen in unsere Länder strömenden Fremden.

Das entwickeltere Erkenntnisleben schließt die Herrschaft des Stärkeren aus. Die bis zum Christus-Impuls vorgedrungene Welt-Erkenntnis ersetzt im Sozialen das ahrimanische Machtprinzip durch die allgemeine Menschenliebe. Die ahrimanische Macht wird durch die Liebe erlöst. Wer seine Tatkraft nicht verkauft, sondern verschenkt, erlöst das Ahrimanische in seinem Willen. Dadurch würde auch das sexuelle Geschehen erlöst und würde sich in allgemeine Menschenliebe verwandeln, welche das anzustrebende Ideal des Wirtschaftslebens unter der Dreigliederung darstellt.

Die sogenannte Brüderlichkeit ist allgemeine Menschenliebe, die das wirtschaftliche Handeln im sozialen Organismus tragen soll. Was in einem funktionierenden sozialen Organismus an Machtgeschehen bliebe, wäre der jeweils **angemessene** Eingriff in anderes Dasein. Dann aber würde man wohl nicht mehr von Macht sprechen wollen, wenn jemand unter dem Ideal der Liebe in den Organismus eingreift. Dann würde man sich nicht mehr der Macht durch andere ausgesetzt fühlen, sondern gefördert, unterstützt und geholfen in einem freundschaftlichen Zusammenklang. Das möchte ich allen zu erleben wünschen.

24. Ausklang

Die vorliegende Schrift hat uns in zweifacher Form durch Einzelheiten der sozialen Dreigliederung geführt. Im ersten Teil wurde versucht, die Resultate der Steinerschen Forschungen zu beschreiben, nicht in wirtschaftlich-politischen Fachtermini, sondern in Begriffen und Beispielen aus dem täglichen Leben in Verbindung mit den Geist-Begriffen der Anthroposophie. Der zweite Teil greift die Themen ein zweites Mal auf, aber diesmal von der Seite der Verwirklichung her. Er stellt die Unmöglichkeit in den Mittelpunkt, auch nur Ansätze zu einer Dreigliederung des sozialen Organismus in der Gegenwart zu verwirklichen. Das System in dem wir leben hat mit großer Sorgfalt auf allen Sektoren des Sozialen das krasse Gegenteil dessen hergestellt, was nach Rudolf Steiners Erkenntnissen notwendig wäre für ein verträgliches Miteinander-Auskommen aller Menschen. Dies in besonderer Weise bewußt zu machen schien mir notwendig, da die Allgemeinheit bisher nicht bemerkt hat, daß die große soziale Frage, um die spätestens seit der Französischen Revolution gekämpft wurde, noch immer nicht gelöst ist. Ja, es scheint, als hätte man sie inzwischen vergessen. Jedenfalls herrscht keinerlei Bewußtsein davon, daß die alten sozialen Verhältnisse von Herrschenden und Dienenden, von Bourgeoisie und Werktätigen, von Herren und Leibeigenen noch in keiner Weise überwunden sind, was seit dem Mysterium von Golgatha längst hätte geschehen müssen. Gerade die Ereignisse des Jahres 2020 legen auch tiefschlafenden Mitbürgern nahe, daß eine okkulte Tyrannen-Gilde sich bestrebt das Fußvolk der Menschheit nicht nur weiterhin auf allen Sektoren des Daseins auszubeuten – das wäre ja schon perfide genug – nein, jetzt strebt man auch noch an, mittels einer unüberprüfbaren Ansteckungs-Panik den Bürgern alle Freiheitsrechte zu nehmen. All das finden wir bei Rudolf Steiner warnend angekündigt. Leider haben es nur sehr wenige hören wollen und verstehen können. Denn wie gesagt: Niemand darf über andere herrschen wollen, niemand darf Kapital privatisieren wollen. Die Erträgnisse der Arbeit müssen allein dem sozialen Organismus zukommen und nicht den Privatkonten der Unternehmer und Investoren. Es darf keine Machtausübung durch Geld und Eigentum mehr geben. Das alles ist eigentlich sonnenklar für den, der wirklich denkt. Doch man kann jenen, die an den alten Strukturen zu ihren Gunsten festhalten, nur den halben Vorwurf machen, denn die andere Hälfte muß dem Volk, muß uns vorgeworfen werden, weil wir es haben geschehen lassen und auch jetzt noch in keiner Weise auf dem Weg sind, es zu ändern. Ich hoffe daher sehr, daß dieser doppelte Blick auf die Themen der Dreigliederung eine erweckende Wirkung haben wird. Denn wir müssen dringend beginnen, uns zu wehren, sonst wird es zu spät sein.

Die intensiven Bemühungen Rudolf Steiners gerade auch zum Ausgang des ersten Weltkrieges, die Menschen in Deutschland für die Dreigliederung des sozialen Organismus zu interessieren, sind nach seinen eigenen Worten gescheitert. Und das obwohl diese Dreigliederung zunächst nicht viel Esoterisches enthält. Sie setzt aber doch ein Weltverständnis voraus, zu dem die Menschen nicht erzogen waren und auch heute nicht sind. Und wie schon so oft erwähnt, setzt die Erlangung dieser Art von Weltverständnis jenes andere Denken voraus, welches mehr in den Ideen der Dinge, in ihrem Sinn sich aufhält und nicht so leicht getäuscht werden kann. Dazu noch einmal Rudolf Steiner:

254/6/35

»…aber das Allernotwendigste ist, niemals zu versäumen, sich ein ganz klares, exaktes Denken anzueignen so gut man eben kann. Sie wissen ja, das Leben selbst hat seine Widersprüche«

254/6/36

»Ahriman und Luzifer können nur etwas machen, wenn ein Widerspruch unbemerkt bleibt, wenn wir nicht die Kraft und den Willen haben, den Widerspruch aufzudecken. Überall da, wo wir uns in einen Widerspruch verwickeln, den wir nicht als Widerspruch erkennen, sondern einfach gelten lassen als einen lebenswahren Inhalt, überall da haben Luzifer und Ahriman die Möglichkeit, sich unserer Seele zu bemächtigen.«

Nun sind aber all jene, die z. B. glauben, wir lebten in einer Demokratie, in einen heftigen, aber unerkannten Widerspruch verwickelt, denn sie erleben im Grunde ständig das Gegenteil, ohne es zu bemerken. Die Hoffnung auf eine Besserung kann nur darin bestehen, daß allmählich immer mehr Menschen aufwachen, ihre indoktrinierte Befangenheit bemerken und überwinden. Sie müssen einfach merken, daß es nicht sein kann, daß man bestimmte Gedanken ächtet, verbietet und unter Strafe stellt, daß man sich als Herren über andere setzt, sie zu Maßnahmen und Verhaltensweisen zwingt, die den Betroffenen nicht einleuchten wollen, wie z. B. Zwangs-Impfungen etc. Denn was hat ein Geimpfter zu befürchten von einem Nicht-Geimpften? Oder wie etwa die CO_2-Abgabe, die man von den Verbrauchern verlangt, so als gehöre einem die Erde und man würde eine Nutzungsgebühr von allen Menschen verlangen. Und ebenso unmöglich ist es, Menschen zu Taten/Arbeiten zu zwingen, die sie von sich aus nicht für richtig halten oder die sie unter den gegebenen Umständen nicht erbringen möchten, indem man ihnen ihr Einkommen ausschließlich dann zukommen läßt, wenn sie diese Arbeiten gegen ihr Einsehen tun. Stattdessen hält man sie davon ab, anderen Geschenke zu machen, indem sie sich einsetzen für Bedürfnisse, die sie einsehen können und denen sie abhelfen möchten. Daß all das nicht sein kann, versteht sich doch eigentlich von selbst – oder?

25. Anhang:

Um die in diesem Buch enthaltenen Andeutungen über die Schein-Demokratie, in der wir leben, nicht ganz ohne Beleg für die in dieser Sache nicht informierten Leser zu hinterlassen, seien hier noch Ausführungen Rudolf Steiners und Professor Rainer Mausfelds angeführt, die deutlich machen, wie es um die Sache wirklich steht.

Die Wahrheit über die Demokratie

Es war im Jahre 2015, als ich von Freunden über das Internet auf ein Video mit einem Vortrag von Professor Rainer Mausfeld aufmerksam gemacht wurde. Er ist Psychologe und Kognitionsforscher, der in seinem Vortrag »Warum schweigen die Lämmer« wissenschaftlich vollkommen klar auseinanderlegt, was hundert Jahre zuvor Dr. Rudolf Steiner als Resultat seiner Forschungen zur sogenannten Demokratie westlichen Zuschnittes ermittelt hatte. Steiner sagte:

177/14

»Sie werden vielleicht schon gehört haben, daß von gewissen Leuten immer wiederum in die Welt posaunt wird: Die Demokratie muß die ganze Kulturwelt ergreifen. Demokratisierung der Menschheit ist dasjenige, was das Heil bringt; dafür muß man nun alles kurz und klein schlagen [erster Weltkrieg], damit die Demokratie sich ausbreitet auf der Welt ...

Man nimmt Begriffe für Wirklichkeiten. Dadurch aber ist es möglich, daß die **Illusion sich an die Stelle der Wirklichkeit** *setzt, wenn es sich ums Menschenleben handelt: indem man die Menschen einlullt und* **einschläfert durch Begriffe.** *Dann glauben sie, in ihrem Streben gehe es dahin, daß jeder Mensch seinen Willen zum Ausdruck bringen könne durch die verschiedenen Einrichtungen der Demokratie, und merken nicht, daß diese Strukturen der Demokratie so sind, daß immer ein paar Menschen an den Drähten ziehen, die andern aber werden gezogen. Doch weil man ihnen immer vorredet, sie sind in der Demokratie drinnen, merken sie nicht, daß sie gezogen werden, daß da einzelne ziehen. Und um so besser können diese einzelnen ziehen, wenn* *die andern alle glauben, sie ziehen selbst, sie werden nicht gezogen. So kann man ganz gut **durch abstrakte Begriffe die Menschen einlullen und sie glauben das Gegenteil von dem, was Wirklichkeit ist**. Dadurch können aber die dunkeln Mächte gerade am allerbesten wirken.«*

Wir haben hier eine weitgehend unbeachtete Aussage Steiners über die Praxis der Demokratie vorliegen, die gleichzeitig ein schwerwiegendes Problem heutigen Denkens beschreibt. Dieses besteht darin, daß man sich bestrebt, den Menschen zur unhinterfragten Übernahme von Gedankeninhalten zu trainieren, wodurch ein freies Geistesleben unmöglich wird. Nach diesen Intentionen soll der Mensch die aufzufassenden Informationen nicht durchdenken, überprüfen, hinterfragen, sondern nur übernehmen und im geeigneten Moment wieder hervorbringen können bzw. zur Grundlage seines Verhaltens machen. Zu mehr ist auch kaum jemand in der Lage aufgrund der ungeheuren Menge an Informationen, die der Lernende in der Regel aufzunehmen hat bzw. die dem Medien-Konsumierenden angeboten werden. Lehrbetriebe und Medien leisten hier der Abschaffung selbständigen Denkens in hohem Maße Vorschub. Die Resultate dieser Bemühungen sehen wir noch einmal vor uns aufleuchten, wenn wir nun nach den Ausführungen Steiners auf jene des Prof. Mausfeld schauen.

Prof. Rainer Mausfeld über das absehbare Ende der »Demokratie", enthalten in dem Buch »Fassadendemokratie und Tiefer Staat" von Ullrich Mies und Jens Wernicke:

»Parlamentswahlen spielen offenkundig in kapitalistischen Demokratien für alle grundlegenden politischen Entscheidungen keine Rolle mehr. Die großen politischen Entscheidungen werden zunehmend von Instanzen und Akteuren bestimmt, die nicht der Kontrolle der Wähler unterliegen. Während also die Hülse einer repräsentativen Demokratie weitgehend formal intakt erscheint, wurde sie ihres demokratischen Kerns nahezu vollständig beraubt. Demokratie birgt also für die eigentlichen Zentren der Macht keine Risiken mehr.«

Diese Entwicklung sei – so Mausfeld – schon bei der Erfindung der repräsentativen Demokratie angelegt und seitdem konsequent verfolgt worden, bis sie schließlich im Zuge des Neoliberalismus zum perfekten Instrument eines autoritären Kapitalismus aufstieg. Die dadurch entstandenen Organisationsformen des Kapitalismus hätten sich mehr oder weniger unbemerkt aller Entscheidungsmechanismen des Gemeinwesens bemächtigt, so daß die wichtigen politischen Entscheidungen nicht mehr durch demokratisch legitimierte Instanzen herbeigeführt werden. Bestimmend seien öffentlich nicht sichtbare Akteure, die man gelegentlich auch als den tiefen Staat bezeichnet.

Die repräsentative Demokratie ist also jenes grandiose Täuschungsmanöver, auf welches wir alle hereingefallen sind, worauf Rudolf Steiner schon vor hundert Jahren hingewiesen hat. Mausfeld erläutert weiter:

»Alex Carey zeigt in seinem Klassiker ›Taking the Risk out of Democracy‹ entlang historischer Linien auf, wie sich dies mit wesentlicher Mithilfe der Sozialwissenschaften und der Psychologie bewerkstelligen ließ. Nur unter der Voraussetzung, dass auch in einer Demokratie der Status herrschender Eliten nicht gefährdet wird, konnte Demokratie zu einer auch von den jeweiligen Zentren der Macht anerkannten Herrschaftsform werden. In einer geeignet konzipierten ›Demokratie ohne Demokratie‹ sollte also die Kontrolle über alle relevanten Entscheidungsprozesse weiterhin bei den jeweiligen Machteliten verbleiben. Dazu war es erforderlich, die Demokratie in geeigneter Weise umzudefinieren und zudem strukturell, prozedural und ideologisch so abzusichern, dass die Eigentumsordnung nicht gefährdet werden konnte.«

»Die Gründerväter der amerikanischen Verfassung entwickelten mit diesem Konzept einen Demokratiebegriff, der seiner Natur nach das Modell einer wirklichen, also partizipatorischen Demokratie ausschloss. Für diese Form einer durch freie Wahlen legitimierten Oligarchie wurde die Bezeichnung Demokratie beibehalten, um das Bedürfnis des Volkes nach einer Volksherrschaft zu befriedigen — und zwar durch die Illusion einer Demokratie. Die dabei zugrunde gelegte Form von Repräsentation wurde ›als ein Mittel verstanden, um das Volk von der Politik fernzuhalten‹ und ›eine besitzende Oligarchie mit der Unterstützung der Masse der Bevölkerung über Wahlen an der Macht zu halten.‹ Die repräsentative Demokratie wurde zu dem ausdrücklichen Zweck erfunden, dem Volk die Befähigung zu einer Selbstgesetzgebung ebenso abzusprechen wie überhaupt das Recht, ein eigenständiger politischer Akteur zu sein.

Die repräsentative Demokratie hat also bereits den Intentionen ihrer Erfinder nach einen verdeckt autoritären Charakter. Begleitet wurde ihre Erfindung von einer zunehmend verfeinerten ideologischen Rhetorik, der zufolge sie die einzige Demokratieform sei, die dem modernen Staat und seinen Komplexitäten angemessen, also alternativlos sei.

Schon 1912 hatte Theodore Roosevelt festgestellt: ›Hinter dem, was wir für die Regierung halten, thront im Verborgenen eine Regierung ohne jede Bindung an und ohne jede Verantwortung für das Volk.‹«

Soweit Prof. Rainer Mausfeld. Deutlicher und treffender kann es wohl kaum gesagt werden.

Auch diese Ausführungen machen noch einmal deutlich, wie erfolgreich die meinungsbildenden Einrichtungen sind. Wie es scheinbar problemlos möglich ist, der gesamten europäischen Bevölkerung Denkweise und Meinung zu formen, ja eigentlich sogar die gesamte Lebensweise. Und schaut man auf die jüngeren Generationen, so muß befürchtet werden, daß dies in der Zukunft noch viel dramatischere Formen annehmen wird. All dies wurde – so Mausfeld – psychologisch und auch sonst naturwissenschaftlich bestens erforscht und kann von daher äußerst effektiv verwendet werden. Nur weil überall verlautet, wir lebten in einer Demokratie, glauben es die Menschen tatsächlich und merken nicht, daß das Gegenteil der Fall ist. Dabei könnte man es sehr leicht bemerken. Und bevor nicht diese Problematik in vollem Umfang aufgedeckt und aus den Seelen ausgetrieben ist, kann es kein einvernehmliches Zusammenleben geben, kann kein noch so gut durchdachtes Konzept fruchten, bleibt die Anthroposophie nur Theorie. Alle Gedanken, Ideen und Modelle, mit denen wir aufwachsen und leben, können die Probleme nicht lösen, weil unser Weltbild ein irrtümliches ist. Und innerhalb dieser Irrtümer ist unser Denken so schwach geworden, daß wir nicht bemerkten, daß man uns in einen finsteren Bergstollen führte, denn man sprach uns von einer lichten, endlosen Weite, einer grünen, sonnigen Ebene, als man uns in den Stollen führte.

Die Fachleute nennen diesen Angriff der Eliten gegen die zu versklavende

Restmenschheit »Asymmetrische Kriegsführung der 4. Generation in der Grauzone« oder einfach hybride Kriegsführung. Sie besteht in all den entwurzelnden und zersetzenden Maßnahmen, die innerhalb der Legalität liegen und den Regierungen, der Wirtschaft und den Kirchen, Gewerkschaften, NGOs usw. als zu verfolgende Agenda vorgeschrieben sind. Das Karriere-Prinzip hat dafür gesorgt, daß alle maßgebenden Positionen mit »folgsamen« Menschen besetzt sind. Das Volk ist angegriffen, aber keine der alten Sicherheitseinrichtungen der Staaten kann uns Bürger schützen. Denn es sind unsere Beschützer, welche die Tore für die Angreifer öffnen. Zum hybriden Krieg gehören z. B. die Schuldenpolitik, das Migrationswesen mitsamt der Volkskulturen-Vernichtung, die Sexualisierung und die Gender-Ideologie, die elektromagnetische Verstrahlung der Atmosphäre durch Mobilfunk (5G), Radar, HAARP etc., die vermeintliche Klima-Katastrophe, die Politik der Rechts-Unsicherheit vor Gericht, das staatlich reglementierte Bildungs- und Gesundheitswesen, die politisch mißbrauchte Wissenschaft, die gleichgeschalteten Fake-News-Medien, die schrittweise Entrechtung und Entmündigung der Bürger im Zuge der Pandemiemaßnahmen und vieles andere mehr.

Und anstatt den Betrug zu erkennen, begann man die Zweifler in den eigenen Reihen an den Pranger zu stellen. Ja, so kraß steht es um uns. Die Welt ist nicht so, wie wir zu denken gelernt haben, der Mensch »funktioniert« nicht so, wie man uns glauben machen will. Was uns die Wissenschaften zu beweisen scheinen, stimmt vielfach nicht mit der Wirklichkeit überein. Was uns die Medien vermitteln, ist lediglich, was man möchte, daß wir es denken. Man hat uns als Menschen erfolgreich ausgeschaltet. Wir müssen daher dringend zu einem wirklichkeits- und wahrheits-gesättigten Denken vordringen, sonst wird es im Kosmos keine Verwendung mehr für uns geben.

Und auch das sei noch einmal gesagt: Solange diese Probleme nicht erkannt und überwunden sind, kann es nur Mißverstehen, Streit, Kampf und Krieg geben und wenn wir es auch noch so gut meinen. Wir halten das Falsche für das Richtige und das Richtige für falsch. Wir zerstören damit ungewollt die von uns geliebte Welt.

Das Niederschmetternde bezüglich Prof. Mausfeld ist, daß gerade er als Fachmann sagt, Tiefenindoktrinationen, wie sie in der Schule schon angelegt werden, können später durch Fakten nicht oder kaum mehr korrigiert werden. Das hieße, wir können nicht zu einem gedeihlichen Zusammenleben kommen, weil wir mit Tiefenindoktrinationen großgezogen und weitergefüttert wurden, welche sich nicht so einfach aus unserem Weltverständnis durch bessere Argumente entfernen lassen. Deshalb also schweigen die Lämmer, schlafen die Deutschen, die Europäer so entsetzlich tief und merken nicht, daß man ihnen das Haus angezündet hat. Deshalb auch kann man heute mit den meisten Menschen nicht mehr diskutieren, weil sie unveränderbare Meinungen bzw. Doktrinen in sich tragen, oft ganz ohne ihre Schuld und ohne, daß es ihnen bewußt ist.

Zum Glück kenne ich ein Mittel, mit dem man Tiefenindoktrinationen unter gewissen Voraussetzungen aufbrechen kann und zwar durch Anthroposophie. Wer sich für diese interessiert, die ja ein radikales Korrektiv zum indoktrinierten Weltverständnis darstellt, und wer gleichzeitig bereit ist, sich in dem Neuen Denken zu üben, der hat eine gute Chance, die Matrix zu überwinden. Und genau das ist das Konzept der »Schule für Neues Denken nach Rudolf Steiner«, die ich 1995 gründete und seither betreibe. Durch die Übung des begrifflichen Denkens steigt der Übende in die Struktur seiner Gedanken ein und lernt sie zu korrigieren und zu erweitern, was wie gesagt mit der üblichen Denkmethode nicht möglich ist.

Schauen wir noch einmal auf Rudolf Steiner, der die Weltkriegskatastrophe auch als Folge jenes veralteten wirklichkeitsfernen und wahrheitsunfähigen Denkens erklärt und vor allem als Folge der ungelösten sozialen Problematik.

185a/8/9
» ... man wird selbstverständlich eine solche rein verstandesmäßig zutage geförderte soziale Idee, die keine ist, für demokratisch gleichwertig halten mit dem, was der Initiierte aus der geistigen Welt herausholt und was wirklich fruchtbar sein kann. Aber würde diese demokratiesüchtige Ansicht oder Empfindung den Sieg davontragen, so würden wir in verhältnismäßig kurzer Zeit eine soziale Unmöglichkeit, ein soziales Chaos im wüstesten Sinne erleben ... Ich habe es immer wieder und wieder betont: Derjenige, der sich wirklich seines gesunden Verstandes, nicht des wissenschaftlich verdorbenen, aber des

gesunden Menschenverstandes bedienen will, der kann jederzeit, wenn er auch nicht finden kann dasjenige, was nur der Initiierte finden kann, er kann es prüfen, er kann es am Leben erproben, und er wird es einsehen können, nachdem es gefunden ist. Und diesen Weg werden für die nächste Zeit die sozial fruchtbaren Ideen zu nehmen haben. Anders wird man nicht vorwärtskommen. Diesen Weg werden die sozial fruchtbaren Ideen zu nehmen haben. Sie werden da und dort auftreten. Man wird zunächst selbstverständlich, solange man nicht geprüft hat, solange man nicht seinen gesunden Menschenverstand darauf angewendet hat, jeden beliebigen marxistischen Gedanken mit einem Gedanken der Initiation verwechseln können. Aber wenn man vergleichen wird, nachdenken wird; wirklich den gesunden Menschenverstand auf die Dinge anwenden wird, dann wird man schon zu der Unterscheidung kommen, dann wird man schon einsehen, daß es etwas anderes ist an Wirklichkeitsgehalt, was aus den Geheimnissen der Schwelle von jenseits der Schwelle [der geistigen Welt] hergeholt wird, als dasjenige, was ganz aus der Sinnenwelt herausgeholt ist wie zum Beispiel der Marxismus.«

185a/8/10

»Damit habe ich Ihnen zu gleicher Zeit nicht irgendein Programm charakterisiert, denn mit Programmen wird die Menschheit in der nächsten Zeit sehr schlimme Erfahrungen machen; ich habe Ihnen charakterisiert einen positiven Vorgang, der sich abspielen muß. Diejenigen, die aus der Initiation etwas wissen über soziale Ideen, werden die Verpflichtung haben, diese sozialen Ideen der Menschheit mitzuteilen, und die Menschheit wird sich entschließen müssen dazu, über die Sache nachzudenken. Und durch Nachdenken, bloß durch Nachdenken mit Hilfe des gesunden Menschenverstandes, wird schon das Richtige herauskommen. Das ist so außerordentlich wichtig, daß das, was ich eben jetzt gesagt habe, wirklich angesehen werde als eine fundamentale Lebenswahrheit für die nächsten Zeiten, unmittelbar von der Gegenwart schon angefangen!«

185a/8/13

»Aber das ist gerade der Schaden, daß die Menschen dieses Selbstvertrauen zu ihrem gesunden Menschenverstand mehr oder weniger gerade durch die menschliche Erziehung im neunzehnten Jahrhundert eingebüßt haben.«

Ich habe im Vorangehenden versucht, die Grundzüge der sozialen Dreigliederung nach Rudolf Steiner darzustellen und ausgeführt, weshalb die ideale Lebensform zwar erkenntnismäßig erarbeitet vorliegt aber momentan nicht verwirklich werden kann. Ich empfinde es als außerordentlich wichtig, diese Dinge zu kennen und zu verbreiten, denn selbst wenn nichts von all dem innerhalb unseres noch verbleibenden Erdenlebens verwirklicht werden kann, so müssen wir unbedingt, solange wir auf der Erde leben, erkennen, was vorliegt und warum es nicht zu verwirklichen war. Denn das können wir nicht nachholen, wenn wir gestorben sind. Wir können nur an der Lösung der Probleme nach dem Tode in der geistigen Welt arbeiten, wenn wir hier auf der Erde verstanden haben, was vorliegt. Wir können geistig arbeiten als Tote und für die Zukunft Lösungen finden, aber materielle Erdenverhältnisse durchschauen können wir nachträglich nicht. Es muß also hier begriffen werden, was ist und was stattdessen sein sollte, damit wir nachtodlich Lösungen finden und die Lebenden entsprechend inspirieren können, die notwendigen Änderungen einzuführen. Nach Rudolf Steiner findet der Tote, der sich im Leben mit z. B. sozialen Fragen beschäftigt hat, etwa dreißig Jahre nach seinem Tode die passenden Lösungen für die Fragen, die ihn auf der Erde bewegt haben. Deshalb empfiehlt er eine enge Zusammenarbeit zwischen Lebenden und Toten. Um dem mir aus dieser Arbeit erwachsenen Verständnis für das Soziale noch einmal Nachdruck zu verleihen, sei der schon angeführt Spruch noch einmal an das Ende gesetzt.

Indem der Mensch gibt was er kann,
erwirbt er sich das Recht,
zu nehmen, was er braucht.

Jeder kann etwas und jeder braucht diverses. Gingen wir nach diesem Leitspruch im Sinne der hier beschriebenen Dreigliederung vor: Nichts würde fehlen. Wir alle wären frei, reich beschenkt und ohne Harm, ließe man uns.

Literaturverzeichnis

Rudolf Steiner
GA 177   Spirituelle Hintergründe der äußeren Welt
GA 185a   Entwicklungsgeschichtliche Unterlagen zur Bildung eines sozialen Urteils
GA 186   Die soziale Grundforderung unserer Zeit
GA 254   Die okkulte Bewegung im neunzehnten Jahrhundert

Prof. Rainer Mausfeld in Ullrich Mies und Jens Wernicke:
»Fassadendemokratie und Tiefer Staat"

Zur Zitierweise:
186/4/25 bedeutet GA (Rudolf Steiner Gesamtausgabe) 186 / Vortrag 4 / Absatz 25.

Schriften von Hans Bonneval
Die Offenbarung der Engel und die achte Sphäre – Verlag Ch. Möllmann
Umstülpung als Schöpfungs- und Bewußtseinsprinzip – Verlag Ch. Möllmann
Das Denken als Weg zu einer spirituellen Welterkenntnis – BoD
Wahrheit heilt! – BoD
Revolution im Denken: Rudolf Steiner – BoD

Kontakt und Finanzierung:

www.denkschule-hamburg.de
www.hausdesgeistes.de

Kontakt und Finanzierung
Zur Erstellung und Veröffentlichung meiner Bücher und Artikel, sowie für die Bereitstellung des Kurs- und Seminarangebotes wird eine Finanzierung in größerem Umfang benötigt. Da ich auf eine berufliche Karriere verzichtet und viele Jahre nur Teilzeit gearbeitet habe zugunsten des Studiums der Anthroposophie, fällt mein Renteneinkommen relativ schmal aus. Ich bitte daher um Spenden. Die Veröffentlichung der meisten meiner Bücher und Videos wurde allein durch die freundliche Unterstützung lieber Freunde möglich. Dafür sei herzlich gedankt!
Da kein eigener Verein oder eine sonstige Einrichtung besteht, können Spendenbescheinigungen nicht ausgestellt werden.

Mein Spendenkonto wird geführt bei der Hamburger Sparkasse

Begünstigter:	Hans Bonneval
IBAN:	DE76 2005 0550 1315 4669 77
Verwendungszweck:	Schenkung bzw. Spende

Besten Dank in Voraus, Hans Bonneval